职业教育改革创新示范教材

Qiche Banjin Weixiu
汽车钣金维修

杨　猛　雷小平　主　编
易昌盛　张学海　副主编

人民交通出版社股份有限公司
China Communications Press Co.,Ltd.

内 容 提 要

本书是职业教育改革创新示范教材之一,主要内容包括汽车钣金维修基础知识、车身覆盖件维修、车身测量、车身结构校正、车身板件局部更换、车身表面处理、非金属车身部件的维修和车身维修焊接技术。

本书可作为中等职业学校汽车运用与维修、汽车制造与检修专业的教材,也可供汽车维修及相关技术人员参考阅读。

图书在版编目(CIP)数据

汽车钣金维修/杨猛,雷小平主编. —北京:人民交通出版社股份有限公司,2019.11
职业教育改革创新示范教材
ISBN 978-7-114-15213-9

Ⅰ.①汽… Ⅱ.①杨…②雷… Ⅲ.①汽车—钣金工—维修—职业教育—教材 Ⅳ.①U472.4

中国版本图书馆 CIP 数据核字(2019)第 204672 号

书　　名:	汽车钣金维修
著 作 者:	杨　猛　雷小平
责任编辑:	戴慧莉
责任校对:	刘　芹
责任印制:	张　凯
出版发行:	人民交通出版社股份有限公司
地　　址:	(100011)北京市朝阳区安定门外外馆斜街 3 号
网　　址:	http://www.ccpress.com.cn
销售电话:	(010)59757973
总 经 销:	人民交通出版社股份有限公司发行部
经　　销:	各地新华书店
印　　刷:	北京市密东印刷有限公司
开　　本:	787×1092　1/16
印　　张:	15.75
字　　数:	386 千
版　　次:	2019 年 11 月　第 1 版
印　　次:	2019 年 11 月　第 1 次印刷
书　　号:	ISBN 978-7-114-15213-9
定　　价:	39.00 元

(有印刷、装订质量问题的图书由本公司负责调换)

职业教育改革创新示范教材编委会

(排名不分先后)

主　　任：曹剑波（武汉市交通学校）
副 主 任：龚福明（武汉交通职业学院）
　　　　　曾　鑫（武汉软件工程职业学院）
　　　　　田哲文（武汉理工大学）
　　　　　许小兰（荆州市创业职业中等专业学校）
　　　　　周广春（武汉市交通学校）
委　　员：张宏立　何本琼　向志伟　杨　泽　张生强　罗　琼
　　　　　马生贵　蔡明清　易建红　向忠国　朱胜平　程　宽
　　　　　彭小晴　江　薇　杨　猛　易昌盛
　　　　　李和平（武汉市交通学校）
　　　　　董　蓉　杨晓炳　涂金林　杨寒蕊　何孝伟　张继芳
　　　　　覃绣锦　陈士旭　李　刚　汤进球　吕　晗
　　　　　胡　琼（荆州市创业职业中等专业学校）
　　　　　董劲松（武汉市第三职教中心）
　　　　　孟范辉　弓建海　李　奇　许家忠
　　　　　魏　超（张家口机械工业学校）
　　　　　朱　岸（武汉市机电工程学校）
　　　　　高元伟（辽宁省交通高等专科学校）
　　　　　雷小平（武汉市第二轻工业学校）
　　　　　李　丹（湖北科技职业学院）

前言 / FOREWORD

本套"职业教育改革创新示范教材",自2012年首次出版以来,多次重印,被全国多所中等职业院校选为汽车运用与维修专业教学用书,受到了广大师生的好评。

为了体现现代职业教育理念,贴近汽车运用与维修专业实际教学目标,促进"教、学、做"更好地结合,突出对学生技能的培养,使之成为技能型人才,2018年8月,人民交通出版社股份有限公司吸收教材使用院校的意见和建议,组织相关老师,经过认真充分研究和讨论,确定了修订方案,对本套教材进行了修订。

根据教学需求,本套教材将第一版的12个品种进行整合,形成第2版的10个品种,其中将《汽车发动机机械维修》与《汽车发动机电控系统维修》整合为《汽车发动机构造与维修》,《汽车传动系统维修》《汽车制动系统维修》《汽车行驶系统与转向系统维修》整合为《汽车底盘构造与维修》,《汽车车身维修技术》拆分为《汽车车身及附属设备》与《汽车钣金维修》,《汽车涂装工艺》与《汽车涂装工艺工作页》合并为《汽车涂装工艺》。教材修订后,在结构和内容上与教学内容更加吻合,更注重对学生实践能力的培养。

结合读者反馈的意见以及专业课程结构的实际需要,在第一版的基础上重新编写了《汽车钣金维修》。本书以钢质车身钣金维修工作为主要教学目标,以车身钣金维修工作中的基本作业项目为载体,按照车身发生不同程度的碰撞损伤以及维修难度循序渐进,以学习任务的形式对车身钣金维修相关作业项目的安全防护、作业流程、基本操作技能、工具设备的使用方法、作业要求及评价标准等方面进行编写,根据实用性和够用原则体现知识点和技能点,尽量兼顾职业教育与专业岗位的实际需求差异。

本教材由武汉市交通学校杨猛、武汉市第二轻工业学校雷小平担任主编,由武汉市交通学校易昌盛、奔腾钣喷技术培训学院高级培训师张学海担任副主编。在编写过程中得到北京金源诗琴机电设备有限公司培训及校企合作项目经理陈冠亚老师及魏玉柱老师的鼎力支持和帮助,在此一并表示感谢。

限于编者水平,书中难免有疏漏和错误之处,恳请广大读者提出宝贵建议,以便进一步修改和完善。

职业教育改革创新示范教材编委会
2019年2月

目录 / CONTENTS

项目一　汽车钣金维修基础知识

学习任务一　车身结构认识 …………………………………………… 1

学习任务二　车身材料认识 …………………………………………… 8

学习任务三　车身钣金维修作业中的安全与防护 …………………… 15

项目二　车身覆盖件维修

学习任务四　薄板变形特点认识 ……………………………………… 28

学习任务五　钢质车身覆盖件整形 …………………………………… 34

学习任务六　铝质车身覆盖件整形 …………………………………… 57

项目三　车　身　测　量

学习任务七　基本测量设备及使用 …………………………………… 65

学习任务八　机械式通用车身测量系统及使用 ……………………… 72

学习任务九　模具量头型车身测量系统及使用 ……………………… 80

学习任务十　电子测量系统及使用 …………………………………… 98

项目四　车身结构校正

学习任务十一　车身结构损伤分析 …………………………………… 106

学习任务十二　维修方案制订 ………………………………………… 113

学习任务十三　车身校正设备使用 …………………………………… 117

学习任务十四　车身前纵梁变形校正 ………………………………… 127

项目五　车身板件局部更换

学习任务十五　车身前纵梁更换 ……………………………………… 133

学习任务十六　可拆卸车身覆盖件更换 ……………………………… 148

学习任务十七　车身后翼子板更换 …………………………………… 155

学习任务十八　激光焊接车顶板更换 …………………………………… 168

项目六　车身表面处理

学习任务十九　车身防腐密封 …………………………………………… 176

学习任务二十　车身隔音降噪 …………………………………………… 187

项目七　非金属车身部件的维修

学习任务二十一　车身塑料部件维修 …………………………………… 193

学习任务二十二　车身前风窗玻璃维修 ………………………………… 207

项目八　车身维修焊接技术

学习任务二十三　二氧化碳气体保护焊设备及使用 …………………… 221

学习任务二十四　电阻点焊设备及使用 ………………………………… 233

参考文献 ……………………………………………………………………… 241

项目一 汽车钣金维修基础知识

学习任务一 车身结构认识

学习目标

完成本学习任务后,你应当能:
1. 明确轿车车身结构的基本类型;
2. 了解车身结构的基本安全设计措施;
3. 了解车轮定位在不同车身结构中的体现形式;
4. 掌握不同类型车身结构的基本变形特点及维修侧重点。

 建议完成本学习任务的时间为 **6** 课时。

 学习任务(情境)描述

　　车身:通常是指纵梁、横梁和支柱等主要承力元件及与它们相连接的板件共同组成的刚性的空间结构,并且包括上面的隔音板和防振减振装置或涂层。
　　车身由若干不同形状、不同厚薄的冲压金属板件通过严格定位,并利用焊接、铆接、粘接等各种机械连接方式使其形成一个完整的空间结构。车身是驾驶员的工作场所,也是装载乘客的空间,它为驾驶员提供良好的操作条件,为乘客提供安全舒适的乘坐环境,而且车身的结构设计还应有保证行车安全和减轻事故后果的作用。随着新技术、新工艺、新材料的不断开发与运用,各种不同类型的车身结构也在慢慢发生变化,安全已经成为衡量汽车综合性能的重要指标,汽车的设计、制造、维修各环节,无一不体现着安全,了解并熟悉车身的结构,能够帮助车身钣金维修从业人员合理地制定钣金维修方案,采取规范合理的方式进行车身维修操作。

一、资料收集

引导问题1 ▶ 轿车车身的基本结构类型有哪些?各有什么基本特点?

车身的基本作用是提供安全、舒适的驾乘空间。在汽车不断发展的过程中,伴随着需求的变化,车身结构也发生了很大变化。车身结构设计不但要满足外形美观、乘坐舒适等基本要求,还要追求安全、环保,并向紧凑、轻量化的方向发展。

1 非承载式车身

最早出现的非承载式车身,如图1-1所示。非承载式车身有一个独立的底盘大梁架(简称车架),车身通过弹性元件安装在车架上,所以也被称为有梁式车身。

车架是非承载式车身的基础安装平台,包括车身在内的所有零部件都安装在车架上。车架除了要承受车辆自重以及装载的人和货物等载荷,还要承受汽车行驶时产生的颠簸和振动等其他载荷,而车身不承受或仅承受少量载荷,因此车架必须要有足够的强度和刚度,以保证汽车在正常使用时承受各种载荷而不会轻易产生变形和破坏。

图1-1 非承载式车身结构

(1)乘坐的舒适性好。
(2)制造工艺相对简单,车轮定位的设定和调整容易。
(3)有刚性车架,碰撞产生的变形主要集中在车架上,对碰撞力起缓冲作用,能有效地将车身损伤限制在局部范围。
(4)车架可作为"推挤"支承点,车身修复以"推挤"为主,相对容易。
(5)整车自重较大,不利于节约能源。

由于车架纵贯全车,影响整车布置和空间利用率,大梁的截面高度使车身离地间隙加大,乘客上下车不方便,另外粗重的车架降低了整车的使用经济性,这些对于小客车和轿车是缺点,但对于越野车就是优点,越野车要求有很强的通过性,行驶崎岖路面时要有足够的离地间隙,而非常颠簸的道路会令车体大幅扭动,只有带刚性车架的非承载式车架结构才能更有效地抵御这种冲击力,因此非承载式车身通常用于越野车。

2 承载式车身

承载式车身又称整体式车身,如图1-2所示,车身由很多不同形状、不同厚度的钢板冲压件构成,板件之间以各种方式连接成为紧密的整体。承载式车身结构没有坚固的车架,车身是汽车所有部件的安装平台,通常采用较厚的高强度钢板来制造车身结构,以增强车身的整体承载能力,在任何部位受到的外力作用时,车身都以稳固的整体结构来承载,撞击力沿着车身结构不断向周边传递扩散,会产生更复杂的损伤。

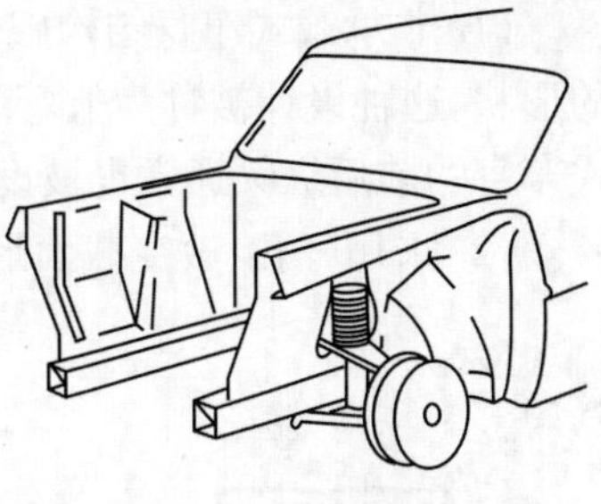

(1)没有粗重的车架,大幅降低了自重,利于节能降耗及减少废气排放。

图1-2 承载式车身结构

(2)车身是所有零部件的安装基础,尺寸精度要求高。

(3)行驶系统直接与车身连接,容易引起车身板件共振而产生噪声,乘坐舒适性较差。

(4)碰撞产生的变形更复杂,影响范围大,修复难度大。

石油属于不可再生资源,汽车在使用过程中排放的废气对大气造成严重污染,所以降低汽车的油耗及减少废气排放,永远是汽车设计、制造者的追求目标,承载式车身也因此逐渐成为当代轿车所采用的主流车身结构。随着各种高强度钢的运用,车身自重进一步降低,综合车身结构及材料的变化来说,对于车身维修的各方面要求也更高了。

引导问题2 ▶ 车身结构有哪些安全设计措施?

一次碰撞:发生交通事故时,汽车与其他物体之间的碰撞。

二次碰撞:由于一次碰撞而引发的车辆翻滚及车内乘员与车内部件的碰撞。

二次碰撞是造成车内乘员身体受到伤害的直接原因,但受伤的严重程度取决于一次碰撞的剧烈程度。在碰撞无法避免的时候,如果车身整体被设计得过于坚固,巨大的惯性力会造成车内乘员发生严重的二次碰撞。据统计数据显示,汽车在行驶中发生碰撞可能性最高的部位是车身前部和后部。因此,将车身设计成中部坚固而外围相对薄弱的结构,在汽车发生碰撞的时候,让先受力的部分以变形和破坏的形式吸收更多的外力,以降低二次碰撞对车内乘员造成的伤害。

车身外围(最容易发生碰撞的前后部分)被人为设计的薄弱部分称为吸能区,又称缓冲区或挤压区,如图1-3所示。吸能区在车身结构上有不同的体现形式,在车身发生碰撞的时候,吸能区首先开始变形,能吸收大量碰撞能量。

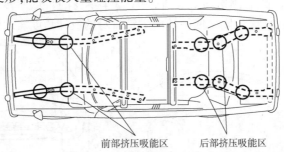

前部挤压吸能区　　后部挤压吸能区

图1-3 车身吸能区

(1)非承载式车身结构中,车架承受大部分碰撞力,将坚固的车架前后部分设计成弯曲的形状,这种设计被称为上弯结构,弯曲部位又称上弯区,是整个车架最薄弱的环节。承载式车身的前后纵梁通常也被设计成上弯结构。

(2)采用开孔、改变截面形状等具体方式使车身结构局部弱化。

> 在进行车身修复时应特别关注"吸能区",决不能提高或降低其强度性能,因为这样做会改变"吸能区"的设计效果,增加车内乘员发生二次碰撞的可能性。

引导问题 3 ▶ 车轮定位有什么作用?车轮定位和车身结构之间有什么关联?

轿车的转向车轮、转向节和前轴三者之间的安装具有一定的相对位置,这种具有一定相对位置的安装称为转向车轮定位,又称前轮定位。两个后轮也同样存在与后轴之间安装的相对位置,称为后轮定位。前轮定位和后轮定位总的来说称为四轮定位。车轮定位的作用使汽车保持稳定的直线行驶和转向轻便,并减少汽车在行驶中轮胎和转向机件的磨损,增强驾驶控制感等作用,是汽车能够安全稳定行驶的基础。简单来说,四轮汽车的 4 个车轮并不是垂直于地面的,特别是两个转向轮。前轮定位包括主销后倾角、主销内倾角、前轮外倾角和前轮前束 4 个内容。

1 主销后倾角

从侧面看车轮时,其转向轴(转向主销)上部向后倾斜,称为主销后倾角,如图 1-4 所示。主销后倾角的设置,有利于处于转向过程中的车轮在滚动中自动恢复到直线行驶方向,该角度是依赖转向主销在车身上的安装面的设计角度实现的。

2 主销内倾角

从车前后方向看车轮时,转向轴(转向主销)上部向车身内侧倾斜,该角度称为主销内倾角,如图 1-5 所示。主销后倾角的设置,有利于汽车本身的自重使转向车轮恢复到中间位置,让转向盘复位更容易,该角度是依赖转向主销自身的设计角度实现的。

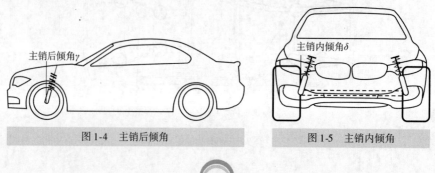

图 1-4 主销后倾角   图 1-5 主销内倾角

3 前轮外倾角

从前后方向看车轮时,轮胎并非垂直安装,通常是上半部分稍微向外侧倾倒呈现"八"字形张开,如图1-6所示,其目的是使转向更轻便。前轮外倾角是依赖转向主销自身的设计角度实现的,因为一般将外倾角设定得很小,接近垂直,因此用肉眼不容易看出来。

4 前轮前束

从上方向下看车轮时,两转向轮的前半部分向内后半部分向外呈现"八"字形,如图1-7所示。采用这种结构目的是减少由于前轮外倾角造成的轮胎磨损。该角度可以通过改变横拉杆的长度实现调整。

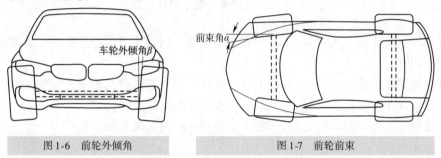

图1-6 前轮外倾角   图1-7 前轮前束

上述的4种定位值都是前轮定位的指标,这些参数中,有些参数是依靠转向主销在车身上的安装面的角度实现的,有些参数是依靠转向主销自身的设计角度实现的,通常不能够通过车轮定位作业实施调整。从这个角度来理解,车身的尺寸精度才是汽车安全稳定行驶的基础。

引导问题4　不同类型的车身结构对维修的基本要求有什么区别?

承载式车身是其他所有零部件的安装平台,也是定位基础,其中包括与汽车行驶稳定性、安全性密切相关的悬架和转向系统。车身各部件安装点之间的尺寸精度都有严格要求,尺寸误差过大会造成相关零部件配合不良,如果涉及关键零部件安装失准,还会直接影响车辆行驶的稳定性和安全性;除车门、翼子板、发动机舱盖等可拆卸零部件以外,其他板件都以电阻点焊的形式紧密连接,形成一个整体的刚性结构,车身任何一块板件都可以看作是承力结构的组成部分;为降低车辆自重,并改善车身的安全性能,大量采用高强度钢板,维修方式及加工方法不同于普通钢材。因此,承载式车身修复后应满足下列要求:

(1)车身各部位都应恢复原始尺寸,尺寸误差必须≤±3mm。
(2)结构性板件必须恢复其原始状态,以抵御可能发生的再次撞击。
(3)不能改变吸能区的强度。

实际维修工作中,车身尺寸是容易进行测量和对比的,而钢板的强度在维修后是否达到设计要求却不易衡量。对于承载式车身来说,发生在类似于车身吸能区的变形,如果钢板产生了较严重的折痕,一般要求根据变形的影响范围进行局部或整体更换。某些特殊部位的刚性部件,因其材料及加工方法的特殊性,过多的敲打及加热都会改变材料的强度和刚性,这种材料一旦产生变形根本不允许维修,并且严格按照工艺要求进行更换操作才能获得好的维修结果。

非承载式车身通过弹性连接方式安装在独立的底盘大梁架上,底盘框架不但支承车身,还是其他所有零部件的安装定位基础,当然也包括汽车的悬架和转向系统。一旦发生碰撞,大部分撞击力被车架的变形所吸收,车身部件上的变形则不会波及至很远的范围。对于车身来说,其精度要求与汽车的安全稳定行驶没有直接关联,而底盘框架通常采用较厚的普通钢材制造,从材料特性以及对应的加工方法来看,底盘框架的维修相对于承载式车身就简单得多。

二、实施作业

(1)现场观察非承载式车身,车身与底盘大梁架之间是如何进行连接的?悬架系统的安装基础在哪里?

(2)现场观察承载式车身,从外观上看承载式车身与非承载式车身有哪些区别?

(3)现场观察承载式车身,指出承载式车身的缓冲吸能设计。

(4)观察不同类型的车身结构,车轮定位参数是如何实现的?

三、评价与反馈

(1)对本学习任务进行评价,评价内容见表1-1

实训教学课题卡(一) 表1-1

专业			班级		学生		学号	
课题号	课题名称		时数	分课题号		分课题名称		时数
1-1	车身结构认识							
实训内容	通过现场观察、对比,明确轿车车身结构的基本类型,了解车身结构的基本安全设计措施,了解车轮定位在不同车身结构中的体现形式							
教学组织与工位分配	(1)整队进入实训场地; (2)课前、课后点名; (3)按照课题作业防护要求着装; (4)课前强调组织、纪律及安全注意事项 工位分配:设立4~6个工位,以小组为单位轮换完成课题任务							
课前准备	工具、设备:非承载式车身整备车、承载式车身整备车 材料:无							
说明	本课题要求以小组为单位,通过观察、对比,巩固相关知识点;指导教师对学生进行巡视和指导;可适当安排小组讨论与集中展示,培养团队协作能力及语言表达能力							

续上表

序号	操作步骤及技术要求	配分	考核评分标准 评分细则	考核办法	操作( ) 答辩( )	时限	min
					考核记录		
				自评	小组互评	教师评价	小计
1	准备工作 穿好工作服;戴防护手套	10	(1)没有穿工作服扣5分; (2)操作时不戴防护手套扣5分				
2	安全规范 遵守相关指令,不做无关操作	20	(1)操作时不遵守相关指令每次扣5分; (2)产生安全隐患酌情扣除10~20分				
3	操作过程 积极参与小组活动	10	不积极主动参与小组活动每次扣5分				
4	质量检验 作业完成质量	40	书面作业完成质量,每题10分				
5	工作态度及劳动纪律	10	(1)工作态度不端正扣5分; (2)违反劳动纪律,此项不得分				
6	场地清理	10	(1)场地不干净扣5分; (2)不清理场地扣10分				
总分		100					
教师签名:			年 月 日			得分:	

(2)完成本学习任务以后,还有哪些相关问题?

四、学习拓展

(1)查阅资料,大型客车属于什么类型的车身结构?与本课程所述车身结构有什么区别?

(2)所有越野车都采用非承载式车身结构吗?汽车产品如何进行市场细分?

学习任务二

车身材料认识

学习目标

完成本学习任务后,你应当能:
1. 了解车身常用金属材料的基本种类和特点;
2. 明确车身常用金属材料的维修要求;
3. 了解车身塑料零部件的基本分类和特性;
4. 明确车身玻璃的作用;
5. 了解车身玻璃的基本分类和特点。

 建议完成本任务的时间为 6 课时。

 学习任务(情境)描述

车身结构及相关附属设备由多种不同的材料制造而成,其中有各种金属材料、塑料、橡胶、玻璃等,不同的材料本身有不同的特性,加工时必须区别对待,采用合适的方法才能达到良好的维修效果。

一、资料收集

引导问题 1 车身常用金属材料有哪些?各种材料的基本特点及维修要求是怎样的?

用于制造车身的金属材料主要有钢材和铝材两大类。

1 钢材

作为传统车身材料,有多种分类方法,按材料强度可做如下分类。

1）低碳钢

低碳钢含碳量低，材料较软容易加工，在进行冷加工、热收缩、焊接等操作时，其强度不会因变形和受热而发生较大改变。因为材料的强度较低容易产生变形，必须采用较厚的材料才能使结构达到一定的使用强度要求，这样就增加了车身的自重，不利于节能，所以使用量在逐年降低，通常仅用于制造车身覆盖件。

2）高强度钢

高强度钢泛指强度高于低碳钢的各种钢材。通过在低碳钢中加入不同合金元素来提高钢材的强度，某些高强度钢的抗拉强度超过450MPa，远远超过普通低碳钢板的强度，在降低厚度的情况下还能满足车身强度要求，用于制造车身可使汽车的总质量得到有效控制，利于节能降耗及减少尾气排放。高强度钢板受力后不易变形，但如果外力超过其弹性极限时，变形后的板件比一般钢板更难以修复。各种高强度钢对温度均有严格限制，针对车身维修环节来说，通常允许加热的温度不超过200℃。一般用于制造车身结构件及主要承力的连接板件，某些采用高强度钢材制造的防撞梁等部件甚至不允许维修。

3）超高强度钢

超高强度钢是通过在普通碳钢中加入合金元素或同时进行热处理，使金属获得细化的晶粒组织，使钢材的强度和刚性大幅提高。某些超高强度钢的抗拉强度可达到1300~1400MPa。由于此类钢材硬度非常高，在常温下采用常规修复方法无法对其进行校正，加热又会使细化的晶粒组织变得粗大，从而降低钢材的强度，因此用超高强度钢板制造的构件发生变形后必须整体更换，并且更换时不允许使用高温焊接方式。一般用于制造车身中部防撞部件。

车身的使用环境非常恶劣，高温及湿度都会加速车身钢板的腐蚀，在钢板的表面镀锌以后，能改善钢板的防腐性能，根据使用部位及防腐要求的不同，车身上使用的镀锌钢板有单面镀锌板和双面镀锌板。如东风雪铁龙车身维修工艺明确要求：维修过程中被破坏的板面镀锌层，在板件维修完毕以后必须重新镀锌。

2 铝材

在通常情况下，车身的自重大约会消耗70%的燃油，所以，降低汽车油耗的首要问题便是如何使汽车轻量化。使汽车轻量化的一种途径是从材料轻量化入手，这样不但可以减轻车身自重、增加装备质量、降低发动机负载，同时还可以大幅度减小底盘部件所受的合力，使整车的操控性、经济型更加出色。而有"轻金属"之称的铝，由于其质量轻、耐磨、耐腐蚀、弹性好、刚度和比强度高、抗冲击性能优和再生性高等特点，成为使汽车轻量化的首选材料。铝合金车身汽车也因其节能低耗、安全舒适及相对载重能力强等优点而备受青睐。

（1）铝材密度小材质轻，同体积相比，铝的质量仅为钢的1/3，采用铝材制造车身可使车身质量大幅降低，利于节能降耗及减少尾气排放。因相对强度较低，通常使用较厚的合金材料制造车身部件，有用于关键承力部位较厚的铸造件，有用于车身框架结构的挤压型材，也有用于成型简单的冲压覆盖件。少量车型采用全铝车身。

（2）铝材塑性良好，便于加工成形，当铝质车身部件受到外力时能产生大量的变形，从而吸收更多的撞击能量，能有效降低碰撞力对车内乘员的影响。韧性差，加工过程中发生变形的部位再次承受外力容易开裂,不易修复。

(3)铝材容易被氧化,但表层氧化物能阻止内部继续氧化,防腐性能好。铝材表面若与其他金属接触却极易腐蚀,需采用独立的修复场地及专用工具设备。

(4)导热性强,膨胀系数大,维修时易产生变形和开裂,需严格控制加热温度;熔点低,仅为660℃;加热时表面颜色不会明显变化,不易控制温度。

铝与不同元素形成的合金以不同的牌号代码进行标注,纯铝合金(1×××系列)、铝铜合金(2×××系列)、铝锰合金(3×××系列)、铝硅合金(4×××系列)、铝镁合金(5×××系列)、铝镁硅合金(6×××系列)、铝锌镁合金(7×××系列)、铝与其他元素合金(8×××系列)。

引导问题2 汽车用塑料如何分类?其主要特性是什么?

塑料在汽车上的应用发展很快,从最初的内饰件和小零件,发展到可替代金属来制造各种机械配件和车身板件,既可获得汽车轻量化的效果,又可改善汽车的某些性能,如耐磨、防腐、减振、降噪等。随着汽车工业的发展,塑料的应用越来越受到重视。

1 塑料的主要特性

塑料具有许多优良的物理和化学性能,主要有以下几点。

(1)质量轻。塑料的密度一般只有$1.0 \sim 2.0 \mathrm{g/cm^3}$,可以大幅度减轻汽车的质量,降低油耗。

(2)化学稳定性好。一般的塑料对酸、碱、盐和有机溶剂都有良好的耐腐蚀性。

(3)比强度高。比强度是指单位质量的强度。尽管塑料的强度要比金属低,但塑料密度小、质量轻,以等质量相比,其比强度更高。

(4)电绝缘性好。大多数塑料有良好的电绝缘性,汽车电器零件广泛采用塑料作为绝缘体。

(5)耐磨、减摩性好。大多数塑料的摩擦系数较小,耐磨性好,能在半干摩擦甚至无润滑条件下良好地工作。

(6)吸振性和消声性好。采用塑料轴承和塑料齿轮的机械,在高速运转时,可平稳地转动,大大减小噪声,降低振动。

塑料也有不少缺点。与钢材相比,其力学性能较低;耐热性较差(一般只能在100℃以下长期工作);导热性差;容易吸水,吸水后性能恶化。此外,塑料还有易老化、易燃烧、温度变化时尺寸稳定性差等缺点。

2 塑料的分类

塑料的种类很多,按其受热后的性状来区分,可分为热固性塑料和热塑性塑料两大类,以此来区分塑料,可以帮助维修技师决定塑料件的基本维修方法(整形、焊接或更换)。

(1)热固性塑料。热固性塑料第一次加热时可以软化流动,加热到一定温度后,在受热和使用催化剂的情况下产生化学反应而固化变硬,这种变化是不可逆的,冷却固化后再对其加热时,就不能软化了。这类塑料耐热性好,受压不易变形,但力学性能较差,修复时只能粘结不能焊接,多用于制作一次性成型不需要修复的零件。常用的热固性塑料有环氧树脂、酚醛树脂、氨基树脂、有机硅树脂等。

(2)**热塑性塑料**。热塑性塑料较为常见,塑料受热时会软化具有热塑性,冷却时会硬化,可反复加热塑形,但它的性能会有所下降。这类塑料可以利用它受热软化和冷却硬化的特性,制成各种形状的零部件。修复时可在塑料焊机上焊接,也可进行粘结。常用的热塑性塑料有聚乙烯、聚氯乙烯、聚四氟乙烯、聚苯乙烯、聚丙烯、聚甲醛、聚苯醚、聚酰胺等。

3 塑料的鉴别

不同车型所用的塑料不尽相同,即使是一辆汽车上也可能会用到多种不同的塑料。热塑性塑料都能够反复加热塑形,但并不是每一种热塑性塑料加热软化后都能够相互熔合,如果塑料零部件发生破裂需要焊接,则需要考虑所选塑料焊条与待修塑料件是否兼容匹配。因此,在对汽车塑料零部件进行修理前,需对塑料种类进行鉴别,以确定最佳的修理方案。

(1)查看 ISO 识别码。塑料零部件的生产厂家通常使用 ISO 代码来标注塑料的种类,鉴别时可查看压制在塑料件上的国际标准代码,这些标识信息会压印在零部件的背面,需要将零部件拆下后才能看到所标注的代码,如图 2-1 所示。

 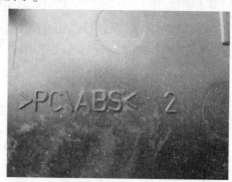

图 2-1 ISO 识别码

(2)查阅车身维修手册。有些车身塑料零部件没有标注国际标准代码,可以通过查阅车身维修手册,手册中一般都标注了每个塑料件所使用的材料类型,但要注意零部件使用的具体材料及维修手册可能会不断更新,对于维修环节来说,查阅的资料一定要与维修车辆的款型、生产年份一一对应。

(3)挠性测试法。将待修复塑料制成试件,与替换塑料件共同进行弯曲测试,如图 2-2 所示。一般热固性塑料在弯折后不能完全恢复形状,而热塑性塑料弹性较好可以恢复形状。当挠性相同时,两者材料类型相同,该试件的塑料就可用来修理损坏的塑料件,反之就要再换塑料试件,直到两者挠性相同。

(4)燃烧测试法。利用热固性塑料燃烧时不会产生熔滴,而热塑性塑料燃烧时会产生熔滴来确定塑料的种类。但是这种测试并不总是可靠的,而且塑料燃烧不仅会产生致癌物质,还会对环境造成污染。因此,一般不建议使用这种方法。

(5)试焊法。试焊是鉴别塑料类型比较可靠的方法。试焊时可试用几种塑料焊条,如图2-3所示。在零件的隐蔽处或损伤部位进行试焊,熔化一小段焊条在待修复塑料件上,待焊缝冷却后,用尖嘴钳夹紧凝固的焊条并尝试将其扯下,看焊接材料是否会轻易松脱,能与待修复零件熔合良好的焊条都可以用于焊接维修。用报废的同质塑料部件裁剪成条状来替代塑料焊条,通常也是不错的选择。

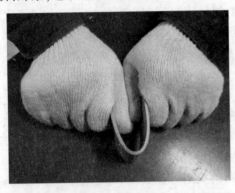

图2-2　挠性测试法

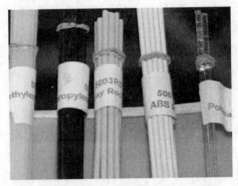

图2-3　不同种类的塑料焊条

引导问题3　车身玻璃有什么作用?其基本种类及特点有哪些?

车身玻璃主要安装在前后风窗、车门窗及三角窗、车顶窗等部位,根据安装位置及作用的不同,对车身玻璃的材质和安装也提出了不同的要求。

1 车身玻璃的基本作用

(1)遮风、挡雨、采光、密封。
(2)为驾驶员提供清晰的视野,保障行车安全。
(3)构成车身外形,装饰、美化车身外观。
(4)和车身一体,共同提高车身整体刚度。

2 车身玻璃的基本种类及特点

汽车在高速行驶的过程中随时可能发生碰撞事故,普通玻璃强度低不耐冲击,且破裂后容易产生锋利的尖角与刃口,对人体产生安全隐患。因此,车身必须使用安全玻璃。而前风窗位置特殊,所以从各方面对前风窗玻璃提出了更高的要求。如遇到碰撞、飞石等情况发生玻璃破裂时,其碎片不能伤害到车内乘员;车身碰撞导致安全气囊弹出时,前风窗玻璃对安全气囊形成有效支撑,才能体现安全气囊对乘客的保护作用。

注意

安全气囊只有在配合安全带使用的时候才有保护作用,否则安全气囊爆炸弹出的强大力量,会对由于惯性前冲的人体造成严重伤害,甚至导致死亡!

(1)钢化玻璃。又称强化玻璃,是将普通玻璃加热到一定温度后迅速冷却,或者采用化学方法进行特殊处理的玻璃,抗弯强度是普通玻璃的3~5倍,抗冲击强度是普通玻璃5~10倍。钢化玻璃破裂后,会形成无尖角、刃口的小颗粒状碎片,极大地降低了对人体产生伤害的可能性,常用于汽车前风窗以外的其他位置。

(2)区域钢化玻璃。区域钢化玻璃是在强化处理的过程中,让中央部分缓慢冷却。一旦玻璃破裂,驾驶员前方产生的玻璃破片较大,能保证驾驶员的视野区域不受影响,多用于汽车前风窗玻璃。

(3)夹层玻璃。在两块玻璃之间夹进一层中间膜。夹层玻璃碎裂后,碎片仍被粘在中间膜上,破碎的玻璃表面仍保持整洁光滑,有效防止了碎片伤人。多用于汽车前风窗玻璃。

车身使用的夹层玻璃是两片较薄的普通玻璃,拆卸时应小心操作,防止破裂。

(4)除霜玻璃。一般以导电材料印刷于玻璃内表面,通电后产生热量,在冬季有防雾除霜作用,多用于轿车后风窗玻璃。

二、实施作业

(1)准备一根普通材质的钢管和一根钢管型车门防撞梁(直径和管壁厚度尽量一致),用手锤分别敲打钢管,观察两根不同材质的钢管在不同外力影响下的变形程度,试叙述高强度钢运用在车身制造中的意义。

(2)准备一块热固性塑料,观察并记录其加热后的性状。

(3)准备一块热塑性塑料板和若干不同类型的塑料焊条,分别将塑料焊条熔化在塑料板上,观察并记录不同类型的塑料焊条在塑料板上的熔合状况。

三、评价与反馈

(1)对本学习任务进行评价,评价内容见表2-1。

实训教学课题卡(二) 表2-1

专业			班级		学生		学号	
课题号	课题名称		时数	分课题号		分课题名称		时数
2-1	车身材料认识							
实训内容	通过资料查询和操作实验,了解车身常用金属材料的基本种类和特点,了解车身塑料零部件的基本分类和特性							
教学组织与工位分配	(1)整队进入实训场地; (2)课前、课后点名; (3)按照课题作业防护要求着装; (4)课前强调组织、纪律及安全注意事项 工位分配:设立2~4个工位,以小组为单位轮换完成课题任务							
课前准备	工具、设备:铁砧、手锤、热空气塑料焊枪 材料:普通钢管、钢管型车门防撞梁、热固性塑料板、热塑性塑料板、不同类型的塑料焊条							

续上表

说明	本课题要求以小组为单位,通过实际操作、观察、对比,巩固相关知识点;指导教师对学生进行巡视和指导;可适当安排小组讨论与集中展示,培养团队协作能力及语言表达能力。					
考核评分标准			考核办法	操作( ) 答辩( )	时限	min
序号	操作步骤及技术要求	配分	评分细则	考核记录		
				自评	小组互评	教师评价	小计
1	准备工作 穿好工作服;戴防护手套	10	(1)没有穿工作服扣5分; (2)操作时不戴防护手套扣5分				
2	工具及设备的使用 合理、规范地使用工具及设备	10	使用工具及设备不合理、不规范每处扣2分				
3	操作过程 步骤合理、工序到位、规范操作	30	(1)步骤不合理扣20分; (2)操作不规范每处扣5分				
4	质量检验 作业完成质量	30	书面作业完成质量,每题10分				
5	工作态度及劳动纪律	10	(1)工作态度不端正扣5分; (2)违反劳动纪律,此项不得分				
6	安全防范措施,场地清理	10	(1)场地不干净扣5分; (2)有安全隐患,不清理场地扣10分				
总分		100					
教师签名:				年　月　日		得分:	

(2)完成本学习任务以后,还有哪些相关问题?

四、学习拓展

(1)除了钢材、铝材、塑料以外,还有哪些材料已经用于车身结构件和覆盖件的制造?
(2)铝质车身通常使用哪些系列的铝合金材料?

学习任务三

车身钣金维修作业中的安全与防护

学习目标

完成本学习任务后,你应当能:
1. 了解车身钣金维修工作的常规作业项目;
2. 明确车身钣金维修工作的基本流程;
3. 明确车身钣金维修工作中的基本安全事项;
4. 在进行具体钣金维修工作前,采取正确的防护措施;
5. 在进行各项钣金维修工作时,正确使用相关工具设备。

  建议完成本学习任务的时间为 **12** 课时。

  学习任务(情境)描述

　　业内通常称呼"汽车钣金维修工"为"钣金工",而在实际工作中,两者是有区别的。"钣金工"的日常工作主要是对构件进行展开放样,并运用各种基本钣金成型工艺进行薄板加工制作。"汽车钣金维修工"的日常工作是修复车身的变形和损伤,使其达到正常使用要求。传统的汽车钣金维修工作需要大量的手工制作,很多在碰撞中损伤严重的车身板件,甚至都要依靠手工制作新件才能完成事故车的维修。随着汽车制造技术的不断发展,车身维修技术与方法不断地发生变化,两者的区别也在日益增大。

　　"汽车钣金维修工"的工作范围:车身部件的拆卸,车身测量,车身覆盖件与结构件的维修、更换,修复后的安装调整。除此之外,汽车钣金维修工作还包括其他相关车身附属设备的检查维护、调整、修理等。

一、资料收集

引导问题1 车身钣金维修工作的常规作业内容有哪些?

汽车在使用过程中,由于正常损耗、使用不当、错误操作以及发生碰撞等原因,会造成车身及零部件的损坏,而车辆不是一次性使用的物品,通过维修可以让汽车再次达到正常使用要求。随着新工艺、新技术、新材料的不断涌现,车身及零部件越来越多的体现轻量化、集成化、智能化,汽车维修工种界限也在不断被重新界定;由于地域原因和品牌服务要求的不同,各传统工种之间出现了更多具体工作的交叉重合;车身结构及材料的改变,让车身钣金维修工作越来越依赖各种专业工具设备。

1 车身表面擦碰

此类发生在车身覆盖件表面的损伤,通常不会影响车身结构,可通过部件拆卸、手工或设备整形、安装调整、防腐处理、塑料件整形及焊接等工序完成维修。

2 车身结构变形

车身结构变形,通常会造成车轮定位失准,并影响相关零部件的安装配合精度,必须进行车身测量和损伤分析。单就车身钣金维修工作来说,车身结构件变形以后,要考虑变形部位、变形程度和影响范围,还需要根据结构、材料的特性,结合工作量、工作难度及修复后的安全性,最终配合保险公司确定以整形或者更换的方式进行维修。具体工作包括部件拆卸、车身测量、拉伸校正、旧件切割、新件安装及调整、焊接、防腐密封、隔音降噪等内容。

(1)车身整形修复:覆盖件、结构件。
(2)少量手工制作:缺失件、局部更换件。
(3)板件分离及焊接:更换板件的分离与焊接。
(4)车身防腐:维修过程中及维修后的板件表面、空腔防腐。
(5)车身密封:车身板件接缝的密封;车门等闭合件的密封;管路、线路的密封。
(6)隔音降噪:对碰撞、维修过程中破坏的隔音降噪涂层进行恢复。
(7)其他相关车身附件维修:塑料保险杠装饰件、车身玻璃、车门锁止机构、装饰板、标牌粘贴件等。

由于汽车品牌较多,相互间有较大的结构和设计差异,以及不同品牌在服务分工上的差异,所以各品牌维修作业的具体分工也会有所不同。

引导问题2 汽车钣金维修基本流程是怎样的?分别涉及哪些工具与设备?

1 估损

(1)目测:大致评估,初步确定车辆受损范围,无须特别设备。

(2)车身测量:目测无法判断的、损伤较严重的车辆,需运用专业车身测量设备进行整体测量。

所需工具设备:卷尺,轨道式量规,中心量规,车身三维测量系统等。

② 拆卸

拆卸影响估损和维修的车身覆盖件及其他零件,某些零部件的拆卸可能在估损之前进行。

所需工具设备:更多涉及常用工具的使用,部分可能涉及专用工具的使用。

③ 车身维修

(1)修复。变形部位校正复原,严重变形部位进行分解更换。

所需工具设备:卷尺,轨道式量规,车身三维测量系统,车身校正设备,手工整形工具,介子修复机,点焊钻,薄板锯,电阻点焊机,CO_2气体保护焊机,塑料件修复工具,各种打磨工具等。

(2)相关覆盖件装配调整。检查各部件修复后的配合间隙、平整度及对称度,防止把问题留到涂装作业以后。

所需工具设备:常用拆装工具,间隙量规等。

(3)车身防腐、密封及隔音降噪。碰撞、修复过程中被破坏的防腐、密封及隔音降噪部位,维修后应作出相应处理,使其恢复使用要求。

所需工具设备:各种喷涂、刷涂设备与工具。

④ 喷涂后的装配

进行最终装配,调整各部件之间的配合间隙、平整度及对称度。

所需工具设备:常用拆装工具、间隙量规等。

> **引导问题3** 车身钣金维修工作中的基本安全事项有哪些?

① 基本安全事项

(1)消防安全。车身维修作业中有很多火灾隐患,如焊接产生的高温,高速切割及打磨产生的火花飞溅等,而车身部件和维修材料中包含很多易燃物质,预防火灾及掌握必要的灭火知识非常重要。燃烧的必要条件:燃料(可燃物质),氧气(助燃物质),温度。灭火的基本原理:阻隔其中任何必要条件。

①车间一般都要配备消防水龙头、灭火器、防火沙等灭火材料,维修工作人员应提前明确灭火器材的所在位置。

②不同的灭火器材针对不同的起火原因,多用途的干粉灭火器可扑灭易燃物、易燃液体和电器火灾。

③灭火器的操作说明印在每个灭火器上面,但是在紧急情况下没有时间阅读标签,必须提前掌握各种灭火器材的使用方法。

小　提　示

使用灭火器时可记住"提拔我呀"四字口诀,"提拔我呀"谐音"提拔握压"。"提"起灭火器站在距离火源2~3 m的地方,"拔"下手柄上的安全销,牢牢"握"住灭火器和喷嘴,对准火焰的根部挤"压"手柄。

(2)用电安全。使用电器设备基本安全事项:
①使用前检查电源线是否完好,绝缘胶皮是否老化、破损。
②不用湿手触摸用电器,不用手或导电物插入、探试电源插座。
③认识了解用电器开关,能在必要时紧急关闭电源。
④插入电源前,应确保用电器开关处于关闭位置。
⑤抽拔插头时不能用力拉电线,以防绝缘层受损造成触电。
⑥发现有人触电应尽快关闭电源,或用干燥的木棍将触电者与电源分开,不得用肢体直接救人。

2 常用工具

工具是人身体功能的延续,能帮助我们完成单纯用双手无法完成的工作,提高工作效率。车身维修整个过程需要运用很多工具,一般将广泛使用于各领域的工具称为常用工具,有针对性地解决个别问题的称为专用工具。在进行维修操作前,应先掌握各种维修工具的特点,按照使用要求正确使用,严禁对各种工具进行非设计用途的使用,不规范的操作会造成工具、零件的损坏,甚至造成人身伤害。

(1)螺钉旋具。
①一字螺丝刀。用于头部为一字槽口的螺钉拆装,如图3-1所示。使用时,旋具刀口宽度和厚度应与螺钉头槽口相匹配。
②十字螺丝刀。用于头部为十字槽口的螺钉拆装,如图3-2所示。刀口4个尖齿插入十字槽口中,两者接触面更大,使用时不易滑脱。使用时,旋具头应与螺钉头槽口相匹配,垂直旋转。

图3-1　一字螺丝刀　　　　　　图3-2　十字螺丝刀

 **注　意**

一字螺丝刀口磨损后可适当进行修磨,十字螺丝刀尖齿磨损变圆后,不易进行修磨,必须报废。不可用一字螺丝刀拆装十字螺钉,以免损坏螺丝刀或造成螺钉头槽口损坏而无法拆卸。一般螺丝刀不可当作錾子使用。

③内六角旋具。又称内六角扳手,横截面为正六边形,用于拆装安装在窄小部位的内六角螺钉,如图3-3所示。有的内六角扳手有球头设计,可在插入螺钉孔后作一定角度的偏摆。

④星型旋具。又称内梅花型扳手,接触面更大的六角紧固件工具,与螺钉结合更紧密而不容易打滑,如图3-4所示。以其英文名称的开头字母标注,如T15、T20、T25、T27、T30等。

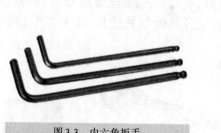
图3-3　内六角扳手

图3-4　内梅花型扳手

(2)扳手。用于夹持、扭转螺栓头部或螺母的工具。对应螺栓头、螺母的尺寸,其标注如8mm、10mm等。

注意

扳手的开口尺寸标示在扳手的两侧面,实际尺寸通常比标示尺寸略大,这样才能合适地套上紧固件头部,使用时应选择合适的扳手进行操作,否则会将螺母头部的尖角磨圆,造成突然滑脱,损伤工件或造成人身伤害。

①开口扳手:与螺母只有两个接触面,滑脱的可能性比较大,应在没有足够空间使用套头扳手时使用。

注意

开口扳手两端常设计成15°~18°角偏置,每当转动到最大转角时翻转扳手,有利于扳手在狭小空间内使用,如图3-5所示。

图3-5　开口扳手

②套头扳手:端部无开口,套筒口环绕整个螺母,更多接触面使螺母受力均匀,不易滑脱,如图3-6所示。通常有六角和十二角设计,六角套筒扳手能与六角螺母完全贴合,传动效力最大,更坚固、耐用。十二角套筒扳手不能与六角螺母的每个面完全贴合,增强了套筒破裂打滑的可能性,但在转动范围有限的时候,多出的缺角扩大了扳手的转动范围。

③活动扳手:钳口的一端固定,一端可调节开度,可在一定范围内调节钳口开度,适合于不同尺寸的紧固件,如图3-7所示。其优点是可调节至不同的开口尺寸,缺点与开口扳手类似,但比开口扳手更容易打滑。在使用活动扳手时,应注意其旋转方向,使固定钳口端成为受力端,减少滑脱的可能性。在有其他选择的情况下,尽量不要使用活动扳手。

(3)套筒。以六角或十二角的居多,也有内六角、内梅花型的组合,如图3-8所示。米制以整数标注,英制以分数标注;冲击套筒加厚加硬,表面黑色,能配合动力工具使用;一般套筒表面镀铬,不能配合动力工具使用。套筒扳手配合其他组件使用,能使工作效率得到提高,如图3-9所示。

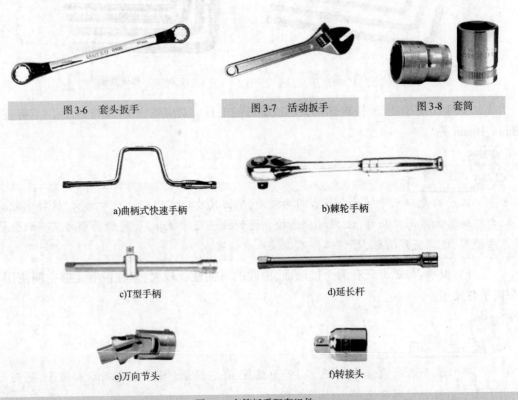

图3-6 套头扳手　　图3-7 活动扳手　　图3-8 套筒

a)曲柄式快速手柄　　b)棘轮手柄

c)T型手柄　　d)延长杆

e)万向节头　　f)转接头

图3-9 套筒扳手配套组件

以较大力矩旋松或旋紧紧固件时,应使用T型手柄,而不能直接使用棘轮手柄进行操作,这样操作容易造成棘轮装置的损坏;尽量采用"拉"而不是"推"的方式拆装紧固件,避免螺纹突然松动造成身体伤害。某些关键零部件对预紧力有严格要求,应使用扭力扳手控制扭矩。

(4)钳子。

①钢丝钳:用于夹持零件或剪断直径不大的线材,如图3-10所示。

②组合钳:一个钳口可在固定销钉上移动,调整钳口的开度大小,图3-11所示为鲤鱼钳和管钳。

图3-10　钢丝钳　　　　a)鲤鱼钳　　　　b)管钳

图3-11　组合钳

③尖嘴钳:有较长的锥形钳口,适合在狭小的空间里夹取小物件,也可作切线钳和导线剥皮钳使用,如图3-12所示。

④斜口钳:用于剪断直径不大的线材,在车身维修作业中多用于剪断焊丝和剪断铝焊钉,如图3-13所示。

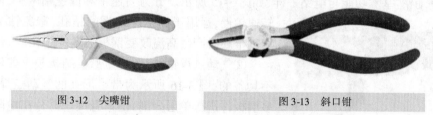

图3-12　尖嘴钳　　　　　　　　图3-13　斜口钳

⑤大力钳:又称锁钳,能调整钳口开度及夹持力,能锁紧在车身板件上而不必以手握持,有多种钳口形状,适合不同部位使用,如图3-14所示。

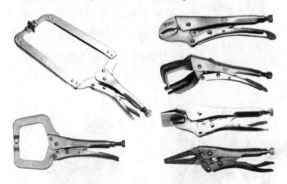

图3-14　大力钳

(5)锤子。基本敲打工具,有多种不同的形状和质量,也有着不同的用途,应根据实际需要选择合适的锤子。如各种钣金锤往往质量较轻,不适合用于大力敲击,也不能用于敲打錾子等其他金属工具,特别是各种形状的精修锤,应保持锤面轮廓的平整圆滑,除了用于薄板的敲打整形,禁止用于其他任何形式的敲打。

3 电动工具

电动工具是传统的动力工具,如电钻、砂轮机等。目前也有一些自带充电电池的直流电动工具,小巧轻便,适于在没有电源、气源的环境下使用。因各种气动工具有更多的种类及优越性,在车身维修工作中被大量运用,不在此介绍电动工具。

4 气动工具

(1)因为结构及材质等原因,与电动工具相比具有以下优点。
①质量轻:生产效率高,长时间使用不易疲劳。
②灵活:结构紧凑,运转时不发热;不会因超负荷造成损坏。
③安全:无触电危险,在特殊环境中使用时不易产生火灾隐患。
④使用、维护成本低:售价一般低于等效的电动工具,零件少,维护简单。
⑤种类多:几乎所有电动工具都有等效的气动工具,但有些气动工具却没有等效的电动工具。

(2)车身维修常用气动工具。
①气动钻:基本功能与电钻一样,如图3-15所示。分为高速钻和低速钻两种,低速钻的转速较慢,运用于高强度钢板的钻孔,避免钻头在高速切割金属时产生高温改变钢板强度性能。

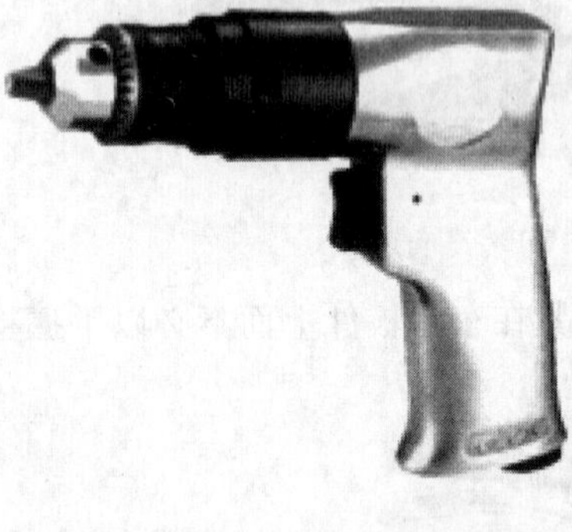

②气动点焊钻:特有的弓形夹结构是一般钻孔工具不具备的,图3-16所示为带弓形夹的气动点焊钻,能对多层板件进行单层分割,是车身维修时分离电阻焊焊点的专用工具。配套使用的焊点分割器分为钻头型和孔锯型(钻头型又称焊点铣刀),可对多层板件进行单层切割,而不必钻穿底层板件。维修车间可配备钻头修磨设备,能修磨各种类型的钻头,如图3-17所示,用于修磨点焊铣刀的平行切削刃效果较好。

图 3-15 气动钻

图 3-16 气动点焊钻

图 3-17 钻头修磨设备

③气动锯:典型的冷切割工具,可对板件进行精确切割,而不会使板件变形,如图3-18所示。
④开孔折边机:开孔、折边两用,如图3-19所示。开孔侧可在金属板上快速打孔,用于薄板塞焊孔的预加工;折边侧按照车身覆盖件厚度专门设计,能够在薄板边缘压制出台阶状弯折,便于车身维修时加工板件之间搭接缝的搭接边,便于板件接缝的定位。

| 图 3-18 气动锯 | 图 3-19 开孔折边机 |

⑤气动打磨机:形式多样,配合不同打磨介质,用来打磨车身金属、涂层和锈蚀,以及用于塑料件的打磨。打磨材料一般分为硬质和软质,应按照不同需要正确选用,于后续各章节分别介绍。

5 液压动力设备

液压设备按照动力输入方式通常分为手动液压、气动液压和电动液压,分别通过手动液压泵、气压泵或电动泵将液压油压入设备的液压油缸使设备产生推力或拉力。车身维修过程中常用的液压动力设备有如下几种:检修千斤顶,便于拖动和推入空间较小的车底,局部顶起车身;组合液压设备,可与钣金校正台配合使用,也可单独使用,附件较多,用途广泛;钣金校正台,其台面升降机构、拉塔柱都依靠液压系统提供动力。使用液压设备时的基本注意事项:

(1)使用时不要超出额定使用范围。
(2)应保持液压油管接口处的清洁,污垢进入液压缸内会造成内部磨损。
(3)不要碰伤柱塞杆光滑的表面。
(4)液压顶只是顶起工具,不是支撑工具,顶起车身后应采用其他固定物搁置车身。
(5)用液压动力设备拉拔车身时,应在车身、夹具和链条之间串联保险绳,防止车身板件被拉裂而甩出伤人。

6 举升机

举升机基本作用是将车身整体举起,便于维修人员在车下进行维修操作。使用举升机时的基本注意事项:

(1)使用前应充分了解举升机的结构特点及操作方法。
(2)确定其载荷范围,不可超载使用。
(3)确定车辆升降范围内没有其他人和物品。
(4)举升机托架应调整到车辆推荐的提升点,稍作提升后检查车身是否稳定,再升至需要高度。
(5)提升到需要高度时,应确保安全装置生效后才能进行维修操作。
(6)维修过程中,大型零部件的拆卸可能会破坏原有的平衡,应注意防范。

引导问题4　车身维修作业前有哪些准备工作?

1 工位准备

(1)汽车进入维修工位前,将工位清理干净,保证地面无油无水,防止滑倒,防止触电。工作过程中及工作结束后及时清扫地面,随时保持工作场地干燥整洁,为下一次工作做准备。

(2)电源:配电箱距维修工位不得超过10m,需配备220V和380V两种,维修工位应根据设备需要匹配合适的电源插座,其中电阻点焊设备电源需达到30~40A。

(3)气源:修复过程中,各种气动工具及设备都需要使用高压空气,维修工位应配备高压空气管路,并配备标准的快速连接头。维修车间正常气压范围为0.5~0.8MPa(兆帕),等离子切割设备使用气压范围为0.3~0.5 MPa(兆帕),使用时应注意调整。有些气压表用bar(巴)作为气压单位进行标注,1MPa=10bar,不同标注单位应注意换算,避免损坏工具设备。

2 工具设备准备

工作过程中需要用到很多工具、设备,将维修需要的工具摆放到工作台上合适的位置,将设备移动到待修区域附近,以便于操作时能随时取用。有些工具和设备需交替、反复使用,每次使用过的物品应归还原处,随手放置会使工位杂乱不堪,不便于再次取用,更不能随手放在地上,这样做很容易造成操作人员踩踏滑倒,甚至造成更严重的事故。工作结束以后,将所有工具、设备擦拭干净并归还原处,避免每次工作都从寻找工具开始。

3 车辆准备

将车辆妥善停入修复工位,断开车辆蓄电池负极电缆连接,避免在使用焊接设备时,较强的回路电流可能会损坏车辆电器元件。

引导问题5 钣金维修工作中有哪些基本防护要求?

不同的维修项目有不同的防护要求,操作前按照需要做好个人防护工作,如图3-20所示。

a)修复时的防护措施　　b)切割时的防护措施　　c)焊接时的防护措施　　d)化学品处理时的防护措施

图3-20　不同操作阶段的防护措施

(1)长袖、棉质工装,能避免操作时被高温飞溅物及设备产生的高温烫伤。

在操作任何高速运转的动力工具时,都应佩戴护目镜;不能穿松垮的衣服,可能会被绞到旋转的工具里。

（2）护目镜能避免粉尘、飞溅物及强光损伤眼睛,如图3-21所示。

（3）防尘口罩能避免将粉尘吸入体内,应在打磨、除尘时佩戴;滤筒式口罩可滤除细微的溶剂颗粒,应在处理化学品和焊接镀锌板时佩戴,如图3-22所示。

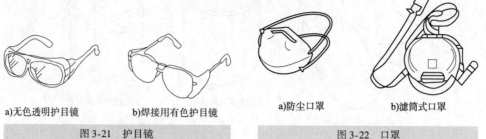

a)无色透明护目镜　　b)焊接用有色护目镜

图3-21　护目镜

a)防尘口罩　　b)滤筒式口罩

图3-22　口罩

（4）耳罩能降低高频噪声对听力的损伤,应在打磨、切割及敲打时佩戴,如图3-23所示。

（5）手套能保护手部皮肤,一般拆装及维修作业佩戴棉线手套;焊接时佩戴专用的皮质手套,避免烫伤;接触化学溶剂时必须佩戴橡胶手套,避免化学溶剂接触皮肤,如图3-24所示。

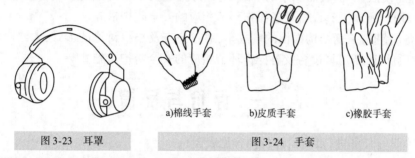

a)棉线手套　　b)皮质手套　　c)橡胶手套

图3-23　耳罩　　　　图3-24　手套

（6）焊接护裙能保护身体免受高温飞溅物的伤害,应在进行电弧焊操作时佩戴,如图3-25所示。

（7）鞋头带钢板防护层的绝缘工作鞋,能避免重物落下砸伤脚面,并防止操作时触电,如图3-26所示。

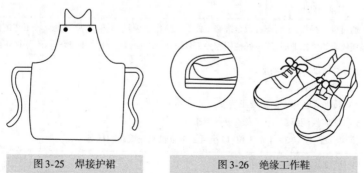

图3-25　焊接护裙　　　　图3-26　绝缘工作鞋

（8）护腿由防火材料制成,能避免腿脚被切割、焊接时的高温飞溅物烫伤,如图3-27所示。

（9）防护面罩能避免打磨、切割和焊接时产生的飞溅物、弧光对面部和眼的伤害,如图3-28所示。打磨、切割和电阻点焊时应佩戴无色透明的防护面罩,操作电弧焊设备时应佩戴焊接防护面罩。

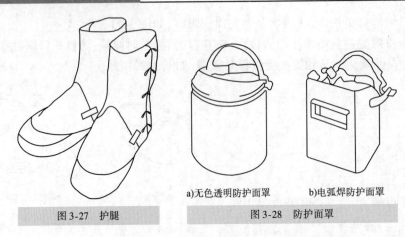

图 3-27 护腿　　　　　图 3-28 防护面罩
a)无色透明防护面罩　　b)电弧焊防护面罩

二、实施作业

(1)准备(模拟)一辆表面剐蹭的事故车,通过检查及小组讨论的形式,大致确定该车基本维修作业项目、所需工具设备及各操作环节相应的安全防护措施。

(2)准备(模拟)一辆结构损伤的事故车,通过检查及小组讨论的形式,大致确定该车基本维修作业项目、所需工具设备及各操作环节相应的安全防护措施。

三、评价与反馈

(1)对本学习任务进行评价,评价内容见表 3-1。

实训教学课题卡(三)　　　　　　　　表 3-1

专业		班级		学生		学号	
课题号	课题名称	时数	分课题号		分课题名称		时数
3-1	车身钣金维修作业中的安全与防护						
实训内容	通过模拟操作,了解车身钣金维修工作的常规作业项目;明确车身钣金维修工作的基本流程;在进行各项钣金维修作业时,能正确使用相关工具设备;在进行具体钣金维修作业前,采取正确的防护措施							
教学组织与工位分配	(1)整队进入实训场地; (2)课前、课后点名; (3)按照课题作业防护要求着装; (4)课前强调组织、纪律及安全注意事项 工位分配:设立 2~4 个工位,以小组为单位轮换完成课题任务							
课前准备	工具、设备:各种基本防护用品 材料:事故车图片或实车指定部位							
说明	本课题要求以小组为单位,通过模拟操作、观察、对比,巩固相关知识点;指导教师对学生进行巡视和指导;可适当安排小组讨论与集中展示,培养团队协作能力及语言表达能力;口述作业项目、大致作业流程,并按照所述流程进行个人防护措施准备							

续上表

序号	操作步骤及技术要求	配分	评分细则	考核评分标准			
				考核办法 操作( ) 答辩( )	时限 min		
				考核记录			
				自评	小组互评	教师评价	小计
1	作业流程设计 作业流程设计规范、合理，符合目标车辆的维修需求	30	错项、漏项每处扣5分				
2	安全防护 能够结合作业流程进行相关防护	30	错项、漏项每处扣5分				
3	质量检验 作业完成质量	20	书面作业完成质量每题10分				
4	工作态度及劳动纪律	10	(1)工作态度不端正扣5分； (2)违反劳动纪律,此项不得分				
5	安全防范措施,场地清理	10	(1)场地不干净扣5分； (2)安全防护措施有误扣5分； (3)有安全隐患,不清理场地扣10分				
总分		100					
教师签名：			年　　月　　日	得分：			

(2)完成本学习任务以后,还有哪些相关问题?

四、学习拓展

(1)气动工具的基本使用要求有哪些?

(2)紫外线对人体有什么影响?

(3)异物进入眼睛时的正确处理方法有哪些?

项目二 车身覆盖件维修

学习任务四

薄板变形特点认识

学习目标

完成本学习任务后,你应当能:
1. 明确薄板变形的基本类型与特点;
2. 正确区分弹性变形与塑性变形;
3. 明确冷作硬化的意义;
4. 根据板件变形特点合理制定修复程序。

 建议完成本学习任务的时间为 6 课时。

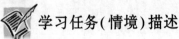 学习任务(情境)描述

一辆爱丽舍轿车的左侧在行驶过程中发生碰撞。经检查,翼子板和前车门产生局部凹陷变形,需要对变形部位进行检查和分析,便于制定合理的修复方案。

一、资料收集

引导问题1 金属材料的基本变形特点是怎样的？

1 金属的内部结构

几乎所有金属都是晶体，即原子按照一定规律有序排列而形成的物质，钢材是由铁和其他合金原子按照一定固有形式聚集而成的晶体组织。

2 金属的变形

金属在外力的作用下，其内部原子发生移动，晶格（晶粒）的位置和形状发生了改变，如图4-1所示。外力消除以后，移动距离较小的原子可能会恢复到原始位置，而移动距离较大的原子会在新的位置产生新的平衡。因此，外力消除后，金属材料可能恢复到原来的形状，也可能不能恢复到原来的形状。

3 变形的分类

按金属材料所受外力的大小和原子恢复情况，将变形分为两类。

（1）弹性变形：随外力的作用而产生，随外力的去除而消失的变形。

（2）塑性变形：外力去除后不能完全恢复原状的变形。

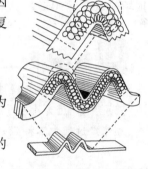

图4-1 晶格形状发生改变

同一变形区域内弹性变形和塑性变形往往同时存在，且弹性变形是随着塑性变形的产生而产生，而部分弹性变形会被与其关联的塑性变形限制自由回弹。在修复车身钢板变形时，应按照变形特征加以区分，通常可以简单地将钢板表面明显的折损痕迹称为塑性变形，而将其周边没有明显折损痕迹的大范围平滑凸起和凹陷称为弹性变形。

受到外力影响会使板件产生变形，修复时的反复锤打也会使板件产生变形，这些都会造成板件厚度变薄和表面面积增大，使板件修平后出现延展拱曲，甚至会改变钢板的强度和硬度等力学性能。

为便于观察和区分损坏类型,制定合理的修复程序,避免在修复过程中产生更多人为损伤而增加修复难度,在此将变形区域以另一种方式加以区分,如图4-2所示。

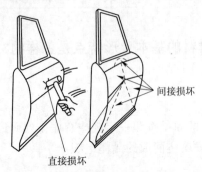

图4-2 直接损坏与间接损坏

(1)直接损坏:指直接撞击部位发生的损坏,通常占所有损坏的10%~20%。

(2)间接损坏:外力通过直接撞击点在车身结构中继续传递所产生的损坏,通常占所有损坏的80%~90%。

> **注意**
> 和弹性变形与塑性变形之间的关系类似,直接损坏与间接损坏之间也有着一定的因果关系,因为存在于同一变形区域,彼此之间互有影响,但影响的程度却不相同,如果在维修过程中不按照一定的顺序进行操作,往往会将板件越修越差,甚至导致报废。

4 冷作硬化

冷作硬化又称加工硬化。金属在常温下发生塑性变形时,众多原子的错位,使原子间的密度发生改变,提高了原子间的阻力,使变形部位变硬。随着变形程度的增加,变形部位金属的强度、硬度提高,而韧性、塑性会有一定程度降低。

钢板在冲压成型以前是平直的,其内部原子排列是均匀的,各部位的硬度也可看作是一致的。将平直的钢板经过冲压成型以后,由于各部位的变形程度不一致,导致各部位的强度和硬度也变得不同。如图4-3所示,将翼子板分为两个区域来观察:1区为冲压成型后较平直的钢板,2区为冲压成型时变形量比较大的区域,也是硬化程度更高的部分,在板件上设计筋线的目的,一方面可以用线条美化车身外形,另一方面可以提高薄钢板的局部强度和整体刚性。板件在受到外力影响时,没有加工硬化的部位较容易发生变形,有加工硬化的部位相对不容易发生变形,而一旦发生了变形也将更难以修复。在修复板件变形时,需充分考虑板件各部分的硬化程度,根据变形前及变形后的形状判断不同变形对周边的影响,确定合理的修复程序。

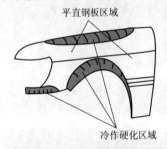

图4-3 翼子板的冷作硬化区域

同一变形区域内硬化部位对平整部位的影响更大,在修复过程中应采取正确的校正程序,以免对未受损部位造成人为损坏。

引导问题2 修复车身板件时如何制定修复程序?

外力在板件上是不断传导的过程,也是在传导路径上不断被吸收的过程。在一般情况下,直接损伤受力最大,产生的变形量也是最大的,变形部位的硬化程度也最高,对周边较平缓的变形会产生较大影响。先将直接损伤大致修平,可减少对周边间接损伤的影响,甚至使其在一定程度上得以恢复。若先修复周边较小的变形,较小的变形量及少量的硬化仅需要较小的修复力度,修复过程对变形量较大的直接损伤部位基本不会产生影响,再修复直接损伤时,较大的修复力度使直接损伤产生恢复变形的同时,也会使已经修复的间接损伤部位再次产生变形。

变形部位的原始形状和撞击方式的不同也会使板件受力后产生不同后果,有时变形区域较小,但有较深的折损痕迹,有时变形区域很大,但整个变形区基本都是较平滑的凹陷,外围的折痕对凹陷较深的中部的影响可能更大。在这种情况下,如果先修复凹陷最深的中部,会使较平滑的板件变形产生很多锤击痕和更多变形,同时使材料硬化并增加内应力,这样就增加了修复难度。

制定修复程序的关键是要根据变形部位、变形范围、变形量等具体情况来判断,确定各部位相互影响的程度,首先消除对整体影响较大的变形,这样才能使变形板件得以快速、高质量地修复。修复板件变形损伤时,应遵循下列基本原则:

(1)先大致修复变形量大的直接损坏,减少直接损坏对周边的影响。如直接损坏变形量不大,且变形区对周边板件影响较小时,应由外向内先修复间接损坏区域,再修复直接损坏区域。

(2)先修复原有加工硬化区域产生的新的变形,再修复一般平整区域产生的变形。

(3)先修复塑性变形部分,相关弹性变形会随之消失。

(4)先作整体的大致修复,再逐步作精确修复。

因为碰撞产生的变形多种多样,在分析变形时,上述方法不分先后,在制定维修程序的时候通常先考虑影响较大的问题,实际维修过程中也应根据具体情况灵活运用。

二、实 施 作 业

(1)实验:用两把大力钳固定一块平整的薄钢板两端将其弯折,再在原处反向弯折能使钢板完全恢复平整吗？为什么？通常怎么称呼这种现象？

(2)实验：分别将 3 块平整薄钢板弯折约 30°、90°和 180°，再在原处反向施力试图使钢板平复，在表 4-1 中记录弯折变形结果。

实验弯折变形结果记录　　　　　　　　　　　表 4-1

弯折角度	变形是否完全恢复(√、×)	残余变形量最小的是(√)	残余变形量最大的是(√)
30°			
90°			
180°			

通过以上实验，想一想：金属材料随着塑性变形程度的增加，变形区域金属的强度、硬度会提高或降低？而韧性、塑性会有一定程度的提高或降低？因此，车身板件在受到外力影响时，相对平整的区域更是容易或不容易产生变形？而板件原有的变形区域产生新的变形后，会更容易或更难以修复？

车身板件被加工成不同轮廓形状及车身线条，除了让车身外形美观，还能提高板件的局部强度与整体刚性。车身各部位形状各异，在碰撞事故中的受力情况也可能会有很大区别。因此，板件受到外力影响后，所表现出的变形也是不一样的。

(3)结合图 4-4 阐述什么是"晶体"组织？金属材料变形前的微观状态是怎样的？

(4)受到外力影响时，金属材料的内在结构发生了什么变化？

(5)如图 4-5 所示，拉伸特性曲线图中，哪个区间表达了材料的塑性变形？使材料发生弹性变形所需要的外力更大，还是使其产生塑性变形所需要的外力更大？

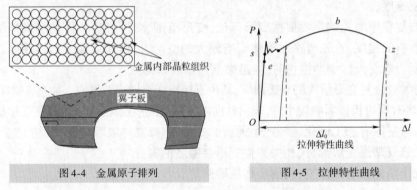

图 4-4　金属原子排列　　　　　　　图 4-5　拉伸特性曲线

三、评价与反馈

(1)对本学习任务进行评价，评价内容见表 4-2。

实训教学课题卡(四)　　　　　　　　　　　表 4-2

专业		班级		学生		学号	
课题号	课题名称		时数	分课题号	分课题名称		时数
4-1	薄板变形特点认识						
实训内容	通过资料查询和操作实验，明确薄板变形的基本类型与特点，正确区分弹性变形与塑性变形，明确冷作硬化对金属材料的影响						

续上表

教学组织与工位分配	(1)整队进入实训场地; (2)课前、课后点名; (3)按照课题作业防护要求着装; (4)课前强调组织、纪律及安全注意事项 工位分配:设立4~6个工位,以小组为单位完成课题任务						
课前准备	工具、设备:大力钳若干(每组2把) 材料:0.7mm×35mm×125mm薄钢板若干(每组4片)						
说明	本课题要求以小组为单位,通过实际操作、观察、对比,巩固相关知识点;指导教师对学生进行巡视和指导;可适当安排小组讨论与集中展示,培养团队协作能力及语言表达能力						

考核评分标准	考核办法	操作( ) 答辩( )	时限	min

序号	操作步骤及技术要求	配分	评分细则	考核记录			
				自评	小组互评	教师评价	小计
1	准备工作 穿好工作服;戴防护手套	10	(1)没有穿工作服扣5分; (2)操作时不戴防护手套扣5分				
2	安全规范 遵守相关指令,不做无关操作	20	(1)操作时不遵守相关指令每次扣5分; (2)产生安全隐患酌情扣除10~20分				
3	质量检验 作业完成质量	50	书面作业完成质量,每题10分				
4	工作态度及劳动纪律	10	(1)工作态度不端正扣5分; (2)违反劳动纪律,此项不得分				
5	安全防范措施,场地清理	10	(1)场地不干净扣5分; (2)有安全隐患,不清理场地扣10分				
总分		100					
教师签名:			年　月　日	得分:			

(2)完成本学习任务以后,还有哪些相关问题?

四、学习拓展

(1)课程实验中的薄钢板弯折到一定程度,外力去除以后还存在弹性变形吗?图4-2中的车门属于何种变形?

(2)车身板件上同一变形区内同时存在弹性变形和塑性变形。综合所学知识,需要用怎样的顺序修复弹性变形和塑性变形?

(3)为图4-2中的车门变形设计维修流程。

学习任务五

钢质车身覆盖件整形

学习目标

完成本学习任务后,你应当能:
1. 熟悉钢质车身覆盖件修复的基本工艺流程;
2. 掌握钢质车身覆盖件维修相关工具、设备的使用方法;
3. 掌握钢质车身覆盖件的基本修复方法;
4. 了解车身覆盖件轻微变形的快速修复方法。

 建议完成本学习任务的时间为30课时。

 学习任务(情境)描述

一辆爱丽舍轿车的左前侧在行驶过程中发生轻微剐蹭。经检查,翼子板和前车门产生局部凹陷变形,需要对变形部位进行修复。

一、资料收集

引导问题1 钢质车身覆盖件修复作业中的基本策略是怎样的?

车身覆盖件的维修重点,主要是恢复板件的外形轮廓,以及与周边相关板件的配合间隙及平面度。从维修难度及修复成本等方面综合考虑,不太严重的小范围变形通常采用整形修复的方法来维修,如果变形范围较大,或变形程度比较严重,甚至是特殊材料制造的板件,一般不进行修复而采取更换的方法维修。

前翼子板通常为可拆卸的单层薄板,小范围的轻微变形,一般情况下直接在车身上进行随车整形,既有利于变形区的恢复,又能有效避免板件产生整体扭曲(影响整体成型及后期安装调整);如果变形比较严重,宜参照变形部位及变形范围大致确定维修成本,当修复成本接近、甚至高于更换成本时,通常选择直接更换新件。

车门由车门框架、内置防撞梁和车门面板组成。车门框架强度较高,用材较厚,结构复杂,一般维修方法很难完成整形修复;车门防撞梁采用高强度钢制造,产生变形后不允许维修。当车门框架或车门防撞梁变形时,通常直接更换新车门。有些品牌的汽车制造厂家提供独立的车门面板备件,在车门面板损坏较严重,而车门骨架和防撞梁没有损坏的情况下,可以单独更换车门面板降低维修成本。图 5-1 所示为车身覆盖件变形损伤的修复工艺流程。

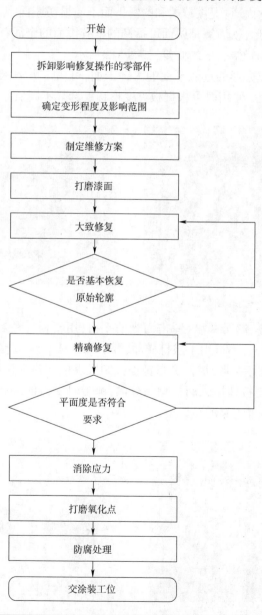

图 5-1　车身板件变形损伤修复工艺流程

引导问题2　钢质车身覆盖件修复作业需要使用哪些工具、设备和材料？

1 工具

包括锤子、垫铁、撬棍、匙形铁、线凿、打磨工具等。

（1）锤子：手工敲打工具，为板件整形提供外力，有多种类型供不同需要。

①木槌、橡胶锤和软面锤：提供较柔和的锤击而不易损伤漆面，常与吸盘相配合，用于修复大范围的轻微塑性变形，软面锤是两面可拆卸的橡胶锤面的金属锤，可提供力度较大的柔和锤击，常用于镀铬板件轻微变形的修复，如图5-2所示。

②冲击锤：有圆形或方形的近似平面的大锤击面，可用于大力敲击，用于较严重变形的初步成型，如图5-3所示。使用时可根据板件变形程度选择不同质量的冲击锤。

图5-2　木槌、橡胶锤和软面锤

图5-3　冲击锤

③精修锤：锤面较小，略带弧度，锤击面光洁平滑，用于板件的精确修复成型，如图5-4所示。不得用于大力敲击，不得用于敲打样冲、錾子等金属工具，避免损坏锤击面。

④收缩锤：图5-5所示为收缩锤，方形锤面被制成纵横交错的沟槽，敲打板件时，锤击面沟槽处不受力，锤击面与板件接触面被均匀分散，锤击时受力的金属被挤压至沟槽处，可有效避免板件被锤打过多而变薄延展。

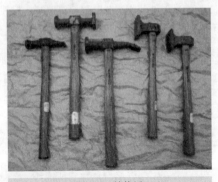

图5-4　精修锤

图5-5　收缩锤

(2)垫铁：小型铁砧，校正薄板变形时顶在板件背面，配合锤子对板件进行整形，有多种形状，应按照变形部位的原始轮廓选用合适形状的垫铁，如图5-6所示。使用时应避免大力敲击损坏表面轮廓。

(3)撬棍：进入狭小的空间撬起凹陷，有多种类型供不同需要，通常根据实际使用需要自制，如图5-7和图5-8所示。有些没有损伤漆面的轻微凹陷变形，用撬杠小心地修复后，可以不用重新喷漆。

图5-6　垫铁

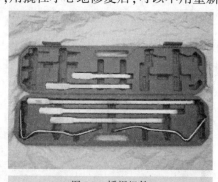

图5-7　撬棍组件

图5-8　不同形状的撬棍

(4)匙形铁：作用类似锤子和垫铁，可直接用于敲打和垫托（撬拨），有多种不同形状和尺寸，如图5-9所示。敲打大面积凸起折痕时，可配合锤子进行敲打，将敲击力均匀分布到较大的接触面上，避免板件被打薄产生过多的延展。

(5)线凿：又称打板或克子，刃口较钝，配合锤子敲击，用于修复筋线部位的变形。有各种形状，通常用厚钢板自制，如图5-10所示。

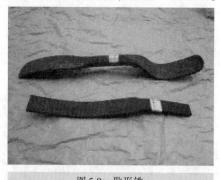

图5-9　匙形铁

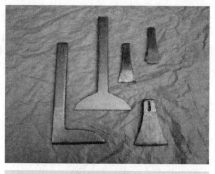

图5-10　线凿

(6)气枪：用于清理打磨产生的灰尘，如图5-11所示。在金属收缩环节提供高压空气快速冷却加热区，能加速钢板收缩。

(7)打磨工具：用于磨除金属或板面漆层。

①盘式打磨机：如图5-12所示，配合不同粒度的砂纸，可磨除板面漆层或金属板面修复后留下的氧化点。

图5-11 吹尘气枪

图5-12 盘式打磨机

②带式打磨机:如图5-13所示,用于打磨小范围的凹陷部位。

③车身锉:可调整弧度的平板锉,如图5-14所示,用于锉平面积较大的平面,在已经基本敲打成型的板件表面,通过车身锉的打磨,可以显现出需要继续整形的细微不平,如图5-15所示。

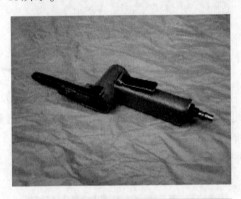
图5-13 带式打磨机

图5-14 车身锉

④平板锉:用于打磨介子焊片,如图5-16所示。介子焊片表面的焊疤及氧化层会影响介子与板件之间的焊接牢固度。

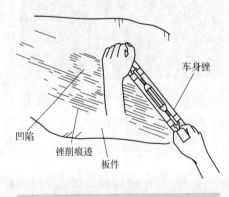
图5-15 车身锉使用原理

图5-16 打磨介子焊片

2 设备

常用覆盖件修复设备为车身外形修复机。车身外形修复机又称介子修复机,不同厂家生产的设备外形会有一定差异,但基本配置和功能都是相似的,如图5-17所示。其主要作用是修复薄板的变形,采用不同连接方式(介质),将滑锤轴拔器连接到车身板件的凹陷部位,反向拉动轴拔器上的滑锤产生反向冲击力,同时以锤子敲击周围凸起部位,直至拉起凹坑。

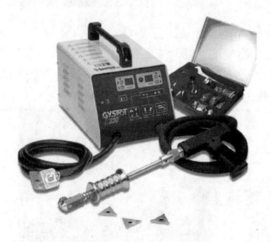 

图5-17 不同厂家的介子修复机产品

介子修复机一般会提供多种连接方式,通过更换连接头可实现不同类型变形的修复。利用碳棒加热板件可实现金属收缩。

(1)拉钩:如图5-18所示,将拉钩安装在轴拔器前端。使用时直接钩住板件边缘处的变形部位进行拉拔,或利用修复机的介子电阻焊功能,安装介子点焊电极,如图5-19所示;在凹陷部位点焊平面垫圈,如图5-20所示,用拉钩钩住垫圈进行拉拔。适合在大范围变形部位点焊多个平面垫圈,对每个平面垫圈进行多次交替拉拔,可分散板件受力状态,如图5-21所示。

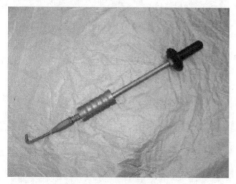 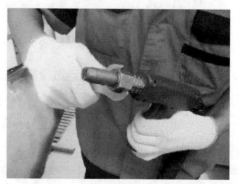

图5-18 安装拉钩的轴拔器　　　　图5-19 安装介子电焊电极

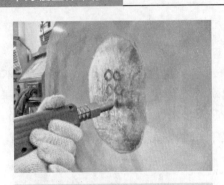

图5-20　点焊多个平面垫圈　　　　　图5-21　多点交替拉拔

(2)三角垫片:将三角垫片安装在轴拔器前端,如图5-22所示,点焊枪安装在轴拔器后端,如图5-23所示。利用修复机的电阻介子焊功能,将三角垫片点焊在板件凹陷部位,拉动滑锤进行单点拉拔,如图5-24所示。拉拔到需要高度时,旋转轴拔器即可断开焊点。

图5-22　安装三角垫片的轴拔器　　　　图5-23　在轴拔器后端安装点焊枪

(3)吸盘:将吸盘安装在轴拔器前端,如图5-25所示。使用时向后拉动滑锤,利用吸盘的吸附力拉起凹陷面。此方法适用于修复面积较大但变形程度较小的凹陷。

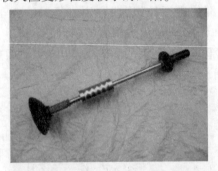

图5-24　用三角垫片作单点拉拔　　　　图5-25　安装吸盘的轴拔器

(4)真空吸盘:如图5-26所示,使用专用的轴拔器,其中空拉杆与吸盘相通,后端连接高压空气管路。打开轴拔器尾端的高压空气开关后,吸盘产生负压吸附住板件变形部位,拉动滑锤可拉起凹陷面。真空吸盘比一般橡胶吸盘的吸附力更大,此方法适用于修复面积大而且比较严重的凹陷。

(5)组合拉伸设备:如图5-27所示。车身表面筋线的强度和硬度是很高的,当变形损伤发生在筋线区域时,累积变形使这些部位的强度和硬度进一步升高,单点拉伸往往效果不佳,单纯增大拉伸力度不仅不能让凹陷的筋线整体升高,还会因为局部受力过大在板件表面拉出孔洞。如果在筋线上点焊多个介子焊片,利用组合拉伸设备可以让所有焊点同时受力,能够获得较好的拉伸效果。

(6)碳棒和压平头:介子修复机都配备了碳棒,利用碳棒可对金属板件的拱曲(延展部位)进行加热、收缩,使其恢复平整;铜质压平头可以用于压平(收缩)较小的凸起点,也可以用于小范围延展拱曲的点状收缩,如图5-28所示。

图5-26 真空吸盘轴拔器

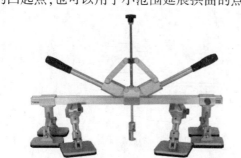

图5-27 组合拉伸设备

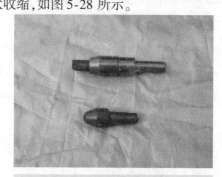

图5-28 碳棒与铜质压平头

3 其他必要设施

(1)电源:车身外形修复机外接电源一般有220V和380V两种,维修工位应根据设备需要匹配合适的电源插座,配电箱距维修工位不得超过10m。

(2)气源:修复过程中,打磨、清除打磨灰尘、金属收缩和使用真空吸盘都需要高压空气,维修工位应配备高压空气管路,并配备标准的快速连接头。维修车间正常气压范围:0.5~0.8MPa(兆帕)。有些气压表用bar(巴)作为压力单位进行标注,不同标注单位应注意换算。(1MPa=10bar)

(3)打磨材料:需配备盘式打磨机专用的60号、80号打磨片;带式打磨机专用打磨砂带。

(4)防腐材料及设备:镀锌仪组件及相关耗材;其他防腐涂料如防锈底漆、锌粉漆、空腔防锈蜡喷剂等。

引导问题3 基本锤打方法有哪几种?

1 单纯锤子敲打

单纯锤子敲打即无垫托敲打,因锤击接触面较小,较大的敲击力容易使板面产生大量锤击痕,通常用于临时清理(需更换的)损坏板件时的大力敲击,或用于消除应力阶段的小力度弹性敲击。

2 锤子配合垫铁敲打

锤子配合垫铁敲打适用于整个修复过程,通过改变垫托与敲打的部位及力度,可实现不同的修复要求。

(1)敲实法:用锤子敲击垫铁垫托部位的板件。通常用于修复变形量较小的部位,或用于敲打薄板件使其延展。合适的敲击力会使凸起部位产生一定的压缩而恢复平整,如果加大敲击力,会使板件变薄(延展)拱曲,如图5-29所示。

(2)敲虚法:垫铁垫托凹陷部位背面,锤子敲击正面的凸起。适用于修复平板上较大面积的变形和板件的大致修复,用于修复凸起和凹陷同时存在的变形区域效果较好,如图5-30所示。凸起和凹陷程度可能会不一致,适当控制垫托与敲击力度可使凸起和凹陷同时趋于平整。狭窄部位可用撬棍代替垫铁进行垫托。

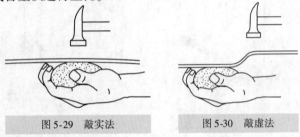

图5-29 敲实法　　图5-30 敲虚法

(3)锤子的使用要点:

①锤面轮廓尽量与板面轮廓匹配。

②虚握锤柄中后部,如图5-31所示。

③每次敲击让锤面与板面水平接触,用手腕的力度控制敲击,让锤面与板面接触的一瞬间有横向滑动的趋势,产生"搓敲"的效果,如图5-32所示。

④保持一定频率,轻快地敲击。

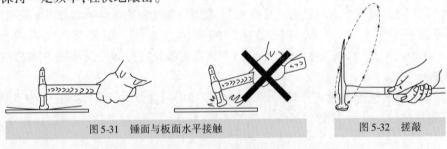

图5-31 锤面与板面水平接触　　图5-32 搓敲

二、实 施 作 业

引导问题4 车身覆盖件修复的基本流程是怎样的?

1 拆卸影响修复操作的零部件

拆卸车门内饰板及相关组件;如有需要,拆除外部车门把手,拆卸车门外部装饰条。修复区背面如有减振隔音材料,应将其铲除,修复后需粘贴新备件。

2 检查变形部位,确定变形程度及影响范围

检查方法大致分为眼看、手摸和工具检查3种,不同方法可交替使用,互为补充。

(1)眼看:利用光线在凸起和凹陷部位产生的明暗效果不同来判断板件的不平,应在光线较好的方位观察。明显的变形,可能从任何方位、任何角度都容易观察,可以直接分辨出变形形式、范围和变形程度。站在较远处或从不同角度观察有利于确定范围较大但不太明显的变形。

(2)手摸:用手摸的方法检查板件变形时,应佩戴紧贴手形轮廓的棉线手套,这样能降低皮肤与板面之间的摩擦力,使手掌对变形的感受更准确。检查时手掌在板面上稍加压力,直线往复轻抚板面,运动轨迹呈米字型分布,如图5-33所示。

(3)工具检查:用钢直尺的侧边靠近板面检查板件的平面度。钢直尺长度应大于检查区域,将钢直尺的两端靠在板件未变形的区域,参照周边轮廓近似的部位进行检查,如图5-34所示。此方法通常用于检查变形范围较大但变形程度轻微的部位,或用于板件修复后的最终平面度检查。对于修复精度较高的部位,还可以比对对称的未变形板件敲打铝条制作样板,检查修复区的轮廓及平面度。

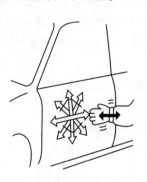
图5-33 手摸检查

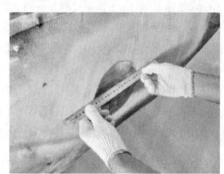
图5-34 用钢直尺检查平面度

3 按板件损伤修复原则制定修复程序

图5-35所示为一块左前翼子板中部受外力产生凹陷变形,经检查发现在翼子板的弧形表面上,有一条较深的凹陷折痕从中部碰撞点向弧形表面上下延伸,而凹陷折痕两端分别有两条凸起的折痕,与凹陷折痕呈箭头状分布,如图5-36所示。通常像这种发生在弧形表面上的变形,中部变形范围很大,凹陷程度看起来也很严重,但实际只有产生折损痕迹的部位才是塑性变形,而折痕之间大范围的平滑凹陷区域,基本都是受折痕影响无法自由回弹的弹性变形。维修此类变形时应先解决限制板件回弹的外围折痕,大部分中部变形会随之恢复平整,再修复变形区中部的少量变形,这样就能又快又好地复原整个变形区域,如图5-37所示。此外,如果板件变形范围较大,将板件从车身上拆下可能会产生整体翘曲,反而不利于修复操作,而随车修复可能是更高效的选择。

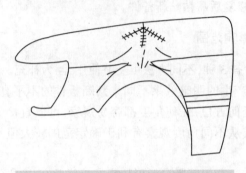 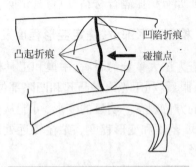

图5-35 前翼子板表面局部凹陷损伤　　　　图5-36 变形区分析

此技能不易模仿,因为每一个修复过程都不可能完全体现既定的维修计划(设想),导致下一步骤总会产生随机调整。其次,锤子配合垫铁敲打、介子机拉伸都能实现整形修复,但体现在不同部位、不同变形量的时候则各有优缺点,需要操作者对各项基本整形手法熟练掌握,熟悉个人能力及设备特点,修复过程中不断观察,并根据变形的恢复情况适时分析,在合适的时候采用最合适的方法,不断平衡变形特征、维修方法、维修效率,才能达到高质高效的维修结果。另外,修复过程中由于流程设计不当,以及敲打(垫托)位置和力度控制不够准确,会在明显变形逐渐恢复的同时产生很多人为损伤,后期需要耗费大量时间去修整。经验不足的维修人员,修复自己造成的人为损伤所用的时间,往往会占整个工期中相当可观的比例。

从周边折痕开始,锤子沿箭头方向敲打凸起折痕,配合垫铁顶起凹陷折痕向变形区中心移动,消除凸起折痕,缩短凹陷折痕,如图5-37a)所示;修复碰撞点附近的残余变形如图5-37b)所示;锤子配合垫铁将变形区整体敲平,作精确修复如图5-37c)所示。

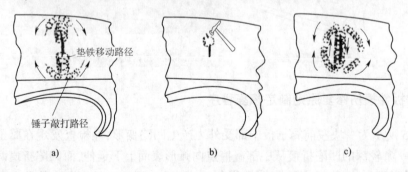

图5-37 修复过程

4 打磨漆面

磨除板面涂层是为了让板件导电,便于完成介子焊接及用碳棒收缩金属等操作,没有完全磨除漆面的部位在点焊时接触不良,可能会产生电弧击穿板件。镀锌板表面的镀锌层也会影响点焊效果,修复镀锌板件时可将板面镀锌层磨除。局部漆层打磨后,面漆与打磨后的金属板面对光线的反射效果不同,会影响观察的准确性,如果修复碰撞时漆层损伤不严重、且变形量较小的部位,也可以视具体情况先采取敲打的方式将变形区尽量整平,然后再磨除漆层,使用介子拉伸或碳棒收火的方式继续修复。

(1)打磨面积应略大于变形范围,可根据变形区域实际轮廓向外围扩大80mm以上,用记号笔画出标记线。该车门在中部模拟出垂直方向的凹陷变形,沿凹陷痕迹周边约80mm画出打磨区标记线,如图5-38所示。

(2)采用60号砂纸磨除漆面,如图5-39所示。打磨时砂轮整个打磨面与板面呈10°~20°,小部分与板面接触,如图5-40所示。使用带有柔性衬垫的打磨设备,不要施加太大压力,避免过多打磨板件金属降低板厚。禁止使用硬质打磨片磨除漆层。

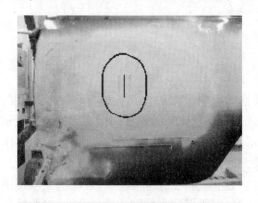

图5-38 标记打磨区

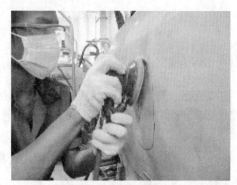

图5-39 磨除板面涂层

(3)在不妨碍修复操作的部位,打磨出一块裸露金属便于连接设备搭铁线,形成电流回路,如图5-41所示。

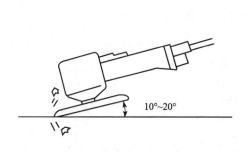

图5-40 砂轮机与板面的角度

图5-41 打磨搭铁区

(4)如有较深的凹陷折痕,采用带式打磨机打磨盘式打磨机接触不到的狭窄部位的漆面,如图5-42所示。

(5)所有打磨程序结束后,用抹布和吹尘枪清理板面灰尘。板面灰尘会影响观察,并引起导电不良,要求修复过程中每次打磨后立即清理表面灰尘,如图5-43所示。

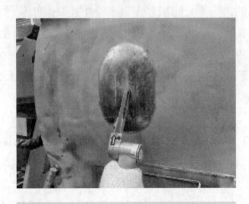
图 5-42 带式打磨机打磨狭窄部位

图 5-43 清理板面灰尘

5 大致修复

初步成形，修理最严重、最明显、对变形区整体影响最大的损伤，减轻整体变形程度，使变形区基本恢复原来的轮廓。因磨除面漆以后视觉效果不佳，不便于观察，可根据板件变形的具体情况，将大致修复工序安排在打磨面漆之前完成。

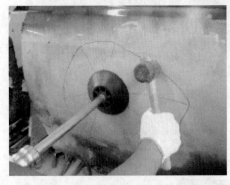

（1）视损伤部位的形状、变形程度、变形范围等具体情况，用质量较大的冲击锤、木槌或橡胶锤敲击正面凸起，同时用垫铁或撬棍垫住凹陷部位背面。对于大面积的平缓凹陷，用吸盘吸住凹陷区中部，用木槌或橡胶锤轻敲变形区周边凸起的折损，如图 5-44 所示。图中折损线已用记号笔作出标注。

图 5-44 真空吸盘配合木槌进行大致修复

（2）操作时应选用与板件轮廓相匹配的手锤与垫铁，否则会产生不必要的变形，如图 5-45、图 5-46 所示。

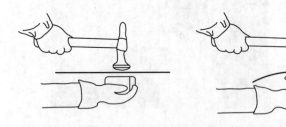

图 5-45 选用与板件轮廓相匹配的手锤与垫铁

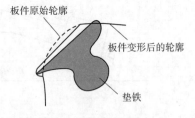

图 5-46 垫铁与板件原始轮廓不匹配

（3）修复过程中产生的印痕越少越好，敲打时应控制好力度，以避免用力过度使板件产生不必要的变形（人为损伤）。在橡胶锤或木槌不能整平折痕时，直接用匙形铁敲击折痕可扩大受力面，使板件分散受力，避免损伤加重，如图 5-47 所示。

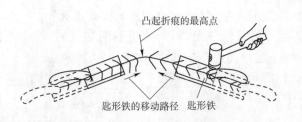

图 5-47　用匙形铁使板件分散受力

(4)背面不易接触的凹陷部位需要用介子修复机,根据变形特点选用不同的介子焊接在需要拉拔的凹陷区进行拉拔。

①开启设备电源,如图 5-48 所示。

②操作设备控制面板上的选项按钮,如图 5-49 所示,选择对应的介子焊挡位(三角垫片或平垫圈),显示屏会有相应图标显示,如图 5-50 所示。

图 5-48　介子修复机机身

图 5-49　控制面板

③设备在使用介子焊挡位时,自动转换为定时通电模式,根据板件厚度适当调节点焊持续时间和焊接电流,如图 5-51 所示。板件面漆没有完全磨除以及垫片表面氧化,会导致点焊不牢固;点焊电流过大、点焊时间过长及焊片压紧力不足都会导致板件被击穿。为防止参数不合适造成点焊不牢固或击穿,应在实际使用前用一块相同规格的废板件进行试焊。

三角垫片　　平垫圈

图 5-50　功能选项图标

图 5-51　参数调节按钮及显示屏

④妥善连接搭铁线,如图 5-52 所示。

⑤将介子焊片点焊在适当的部位,焊片应尽量与点焊部位的凹陷表面垂直。

⑥均匀点焊介子焊片,注意焊点间距,尽可能多点、多次修复每一处变形。任何一点

被过度拉拔都会使板件表面产生多余的凸起,甚至拉破板面。

小面积的凹陷折痕一般采用三角焊片,从折痕两端开始,焊一点拉一次,逐步向变形区中心移动,同时用锤子敲打周边凸起部位,如图 5-53 所示。

图 5-52 连接搭铁线

图 5-53 从两端向中心单点拉拔

大面积的平滑凹陷可同时焊接多个平垫圈,从周边凹陷较浅的部位开始,多点交替、反复拉拔,拉拔点逐渐向凹陷较深的中心部位移动,同时用锤子敲打周边凸起部位,如图 5-54 所示。

点焊参数调整恰当时,点焊在板面上的介子可经受反复多次拉拔,当点焊部位被拉拔至足够高度,用钳子夹紧介子焊片,垂直于板面旋转可将介子焊片取下。

(5) 如果变形区内包含筋线,通常在大致修复阶段将筋线恢复至原始轮廓,小范围的筋线损伤可以采用敲打的方式修复,如图 5-55 和图 5-56 所示。

图 5-54 多点交替、反复拉拔

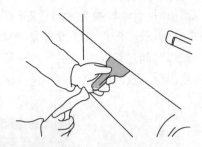

图 5-55 用线凿修复筋线

图 5-56 用垫铁修复筋线

(6) 遇到大范围或比较严重的筋线损伤时,按照传统的维修方法,通常是在变形的筋线上临时焊接一块钢板,通过大力拉伸焊接钢板使凹陷筋线整体升高,待板件基本成型后,再将临时焊接钢板切断。这种维修方法从表面成型效果来看还不错,但存在明显缺陷,焊接高温对板件会产生较大影响,不但会导致材料强度下降,还会造成板件背面的防腐涂层损失更多,而某些夹层板件不便于进行背面防腐处理。采用组合修复设备进行修复,维修质量更有保障,工作效率也会更高。图 5-57 所示为奔腾 B2000 型组合修复设备。

① 磨除变形区表面涂层,在变形的筋线上垂直点焊若干介子焊片,每个焊片之间保留间距为 10~15mm,如图 5-58 所示。

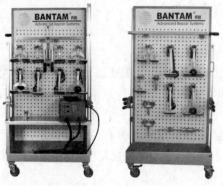

| 图5-57 组合修复设备 | 图5-58 点焊介子焊片 |

②在介子焊片的孔洞内插入钢质焊片拉杆,如图5-59所示。

③安装组合拉伸支架,将支架中部的拉钩连接到焊片拉杆上,如图5-60所示。支腿必须支撑在板件强度较高的部位,否则在拉伸过程中会造成板件受压变形。

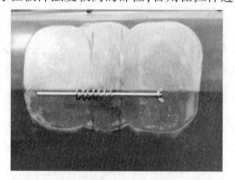 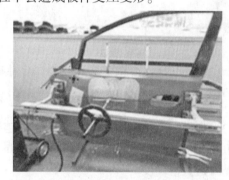

| 图5-59 插入钢质焊片拉杆 | 图5-60 安装组合拉伸支架 |

④旋紧螺杆进行拉伸,如图5-61所示。建议每次拉伸量不要太大。

⑤达到需要的变形量时,可腾出双手用钣金锤轻敲变形区周边凸起,释放变形区内应力,使变形区恢复原始轮廓,如图5-62所示。

| 图5-61 旋紧螺杆进行拉伸 | 图5-62 轻敲变形区释放应力 |

⑥旋松螺杆,检查变形区的恢复情况,如有需要,重复步骤④~⑤,直至变形区达到修复要求。

⑦取下介子焊片,磨除介子焊疤,进入精确修复环节。

6 精确修复

精确修复是进一步消除板件变形,使板件上的凸起和凹陷恢复到允许范围的操作过程。手锤敲打不可能使变形恢复到原始的平面度(即使能做到,从工作效率的角度来考虑也没有这个必要),修复到一定程度就可以了,剩余的不平可用钣金腻子填补。但钣金腻子与金属板件毕竟不是同类材料,其膨胀系数也不一致,刮涂得太厚的部位在使用一段时间以后会产生开裂。因此,一般要求精确修复以后,钣金腻子的填补厚度不能大于1mm,即修复区不能高出原始轮廓,也不能低于原始轮廓1mm以上。

(1)操作时用质量较小的精修锤轻敲正面凸起,同时用垫铁或撬棍顶住凹陷部位背面。边敲边观察变形的恢复情况,适时改变敲击与垫托的位置和力度,始终保证敲击与垫托的配合能有效使变形区变得平整,同时不产生多余变形。

提示

对于任何一处变形来说,在板件的硬度和弹性尚不明确的情况下,初始敲打与垫托力度不宜过大,尝试性敲打几次以后再逐渐加大敲打与垫托力直至力度合适,能有效避免产生人为损伤,提高维修效率。

(2)随着变形的逐渐恢复,细微的变形越来越不明显,此时应该在光线较好的地方以较小的角度观察,如图5-63所示,同时用手摸的方法交替检查,感受板面的起伏。磨平介子焊疤可提高检查精确度。

(3)对于后期极细微的变形,用钢直尺的侧边靠近板面检查修复后的平面度。钢直尺很薄,检查宽度范围有限,应采取多层次检查,每次检查间距不要太大,如图5-64所示。也可使用车身锉打磨板面检查平面度,修复区内较高的部分打磨以后会留下痕迹,根据痕迹的分布情况继续修复,如图5-65所示。使用时,将打磨面轻压在修复区呈30°角斜推,用力不能太大,避免过多锉削板面金属。

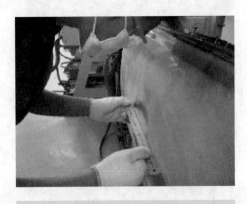

图5-63 小角度观察

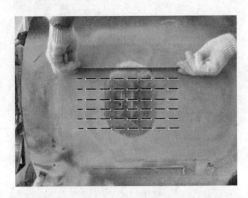

图5-64 多层次检查

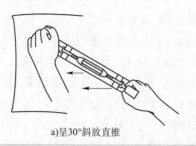 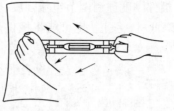

a) 呈30°斜放直推　　　　　　　　　b) 直放呈30°斜推

图 5-65　车身锉使用方法

（4）修复过程中应反复多次检查，几种方法可反复交替使用，提高修复精度。

（5）板件在承受外力产生变形时可能会被拉伸变薄，敲打整形过程也会使板件进一步变薄延展，这些都会使板件表面积增大。先通过大致修复将板件较大的变形逐渐变小，再通过精确修复将轻微的凸起和凹陷尽量恢复平整。正确的敲打方法能使板件产生一定量的收缩，但不可能通过敲打使受力延展的所有变形都恢复平整。当整个变形区（延展区域）呈较平滑的凸起时（无明显折痕），可进入收火环节，如图 5-66 所示。

（6）金属变薄延展在板件修复以后具体表现为修复区高于板件原始轮廓，此时利用介子修复机配置的碳棒可对金属板件的延展部位进行加热，如图 5-67 所示，再用压缩空气或湿抹布快速冷却收缩，使其恢复平整，被加热的金属会向外围膨胀，但受到周边常温金属的限制，这样就会使被加热的部位自身产生挤压变厚，快速冷却加热区，板件表面积就会收缩减小。这一操作过程称为"收火"或"缩火"。

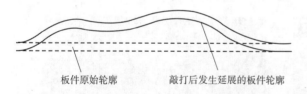 

图 5-66　修复后，整个变形区呈平滑凸起　　　图 5-67　用碳棒收火

（7）安装碳棒，如图 5-68 所示。

（8）选择对应的碳棒加热挡位，如图 5-69 所示。

图 5-68　安装碳棒　　　　　　　　图 5-69　碳棒加热图标

(9)根据板件厚度适当调节电流强度,电流过大会导致温度过高,高温会改变板件的原子排列结构,降低材料强度,也可能将板件烧穿。对高强度钢板加热应严格控制温度,一般要求控制在200℃以下,至少在用肉眼观察时,加热区钢板表面不能明显变红,可在实际使用前用一块相同材质的废板件进行加热试验,电流大小以碳棒划过钢板表面不产生明显"弧坑"为宜。

(10)始终加热板面上拱起最高的部位,如图5-70所示。操作时按住控制开关,将碳棒轻压在板面快速移动,由外向内形成一个较规范的圆形加热点,视变形程度及范围控制加热面积,单次加热面积一般不超过五角硬币大小。

(11)每次加热完毕立即用气枪吹气充分冷却加热点,如图5-71所示,凸起的部分受到热胀冷缩的影响会逐渐恢复平整。

(12)收火与敲打整平应反复交替进行,直至板面平面度符合修复要求。

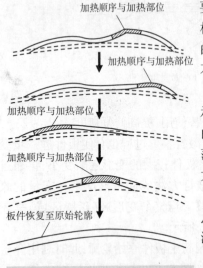

图5-70 始终加热板面上拱起最高的部位

(13)用指头轻压修复区,如图5-72所示,如果按压时板面塌陷,放松时板面弹起,说明修复区有过多的残余应力,用碳棒在修复区由外向内以大范围画圈的方式快速低温加热,加热后待其自然冷却,一般进行2~3次重复操作以后可消除板件应力。

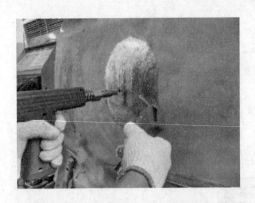

图5-71 用压缩空气充分冷却加热点

图5-72 按压板面检查残余应力

7 打磨抛光处理

金属板面在修复过程中会因为点焊介子和碳棒加热而产生氧化,如果直接涂刮钣金腻子将会影响腻子的附着力,一段时间后还会导致板件腐蚀。

(1)用带式打磨机磨除介子焊片的残留金属。

(2)用盘式打磨机配合60号砂纸磨除板面剩余的氧化层。

(3)用盘式打磨机配合80号砂纸进行抛光打磨。打磨后,打磨区轮廓应平滑、连贯,如漆层较厚,打磨区边缘应磨出羽状边,每道漆层之间有10mm以上的层次间距。

引导问题5 车身覆盖件无损修复(微钣金)有哪些基本方法?

车辆在使用过程中,往往会发生轻微的擦碰,使车身板件上出现较小的凹痕,但漆面完好。无损修复又称快速修复或微钣金,指的是用特殊方法修复没有损伤漆面的轻微变形,不但节省了涂装工序的施工时间及耗材,避免喷漆色差问题,还不会损伤车身的原始防腐涂层。这种处理变形的方法最早出现在汽车生产线上,新车是不允许刮腻子的,而且对于涂层厚度也有严格要求,车身在生产和场内转运过程中,车身面板容易受损,如果损坏的是可以拆卸的板件,综合考虑维修效率和成本通常直接更换新件,但很多车身覆盖件是不可拆卸的,直接报废则成本过高,因此就产生了无损修复工艺。由于能够确保车身的原始涂层不被破坏,也不用担心板件内侧的防腐问题,无损修复工艺逐渐得到发展,并开发出各种类型的工具和设备,如利用撬棍从背面慢慢顶出凹陷;用热熔胶将塑料拉伸介子粘合在凹陷区进行拉伸;利用专用设备产生的强磁性将凹陷吸出使板件恢复平整。

1 撬棍修复

使用专用撬棍,如图5-73所示,从板件缝隙或孔洞伸入变形区域背面,找准位置,以合适的力度慢慢撬拨低点;用木质或塑料材质的圆头小棒配合小锤轻敲正面的凸起,使变形区逐渐恢复平整,如图5-74所示。工艺过程主要包含几个要点:找点准确、力度合适以及足够的耐心。修复过程中一旦力度过大,会造成撬拨点产生小范围急剧凸起,严重的变形会沿凸起点中心向周边产生放射状漆面开裂,直接导致修复失败。

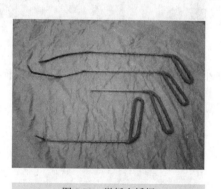

图5-73 微钣金撬棍

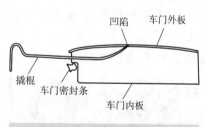

图5-74 微钣金修复

(1)观察变形,确定具体变形范围及变形程度,如图5-75所示。有些变形不明显,可在光线较好的位置操作或准备一个工作灯,变换不同角度观察,根据光线在板件的变化来确定轻微变形。

(2)微钣金专用撬棍有不同的长短和粗细可供选择,根据变形位置及修复所需力度选择合适的撬棍,如图5-76所示。

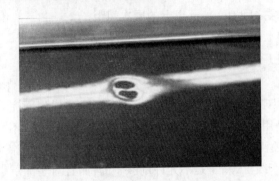
图 5-75 观察变形

图 5-76 选择合适的撬棍

(3)从车身部件的孔洞或缝隙中伸入撬棍,如图 5-77 所示。注意不要破坏原有结构的完整,可提前进行适当的防护,保护漆面。

(4)找准变形位置,以轻柔的动作慢慢撬拨,不断观察变形区域的恢复情况,适时改变撬拨位置和力度,直至凹陷区域逐渐恢复平整,如图 5-78 所示。撬拨过程应严格控制力度,不要施加太大的力,使金属过度拉伸会导致修复失败。

图 5-77 从孔洞或缝隙中伸入撬棍

图 5-78 不断观察,控制修复过程

(5)用木质或塑料材质的圆头小棒配合小锤轻敲正面的凸起,使高点逐渐降低,如图 5-79 所示。

(6)抛光修复区,如图 5-80 所示。

图 5-79 轻敲正面的凸起

图 5-80 抛光修复区

2 粘结介子拉伸

（1）根据变形范围和变形程度选择合适的拉伸介子，图 5-81 所示为不同型号的拉伸介子及小型拉伸器。

（2）用热熔胶枪熔化胶棒涂在介子的粘结面上，将涂胶的介子粘贴在板件凹陷区，如果凹陷面积较大，可同时粘结多个介子，图 5-82 所示为热熔胶枪，图 5-83 所示为不同附着力的热熔胶。

（3）安装拉伸支架进行拉伸，或直接连接专用滑锤轴拔器反向拉伸，同时以塑胶锤轻敲凹陷区周边凸起部位，可反复进行此操作直至板件恢复平整。

图 5-81 拉伸介子及拉伸器

图 5-82 热熔胶枪

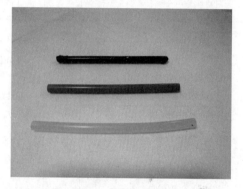

图 5-83 热熔胶

三、评价与反馈

（1）对本学习任务进行评价，评价内容见表 5-1。

实训教学课题卡（五） 表 5-1

专业			班级		学生		学号	
课题号	课题名称		时数	分课题号		分课题名称		时数
5-1	钢质车身覆盖件整形							
实训内容	使用介子机及钣金锤对钢质车门变形进行整形修复，熟悉工具、设备的使用方法，练习不同敲打方法的成型技能							
教学组织与工位分配	（1）整队进入实训场地； （2）课前、课后点名； （3）按照课题作业防护要求着装； （4）课前强调组织、纪律及安全注意事项 工位分配：设立 4~6 个工位，以小组为单位完成课题任务							

续上表

课前准备	工具、设备:钣金锤组件、介子修复机(含组合拉伸设备)、气吹枪、大力钳、个人防护用品、车门变形压模 材料:教学用车门骨架及门皮
说明	本课题要求以小组为单位,通过轮换独立操作、观察、对比,巩固相关知识点提高技能;指导教师对学生进行巡视和指导;变形设置由易到难,循序渐进

考核评分标准	考核办法	操作( ) 答辩( )	时限	min

序号	操作步骤及技术要求	配分	评分细则	考核记录			
				自评	小组 互评	教师 评价	小计
1	个人防护 各操作环节做好相应防护	20	(1)没有穿工作服扣5分; (2)操作时不戴防护手套扣5分; (3)敲打时不戴护目镜扣5分; (4)打磨时不戴口罩扣5分				
2	准备工作 检查变形区域,标记变形范围,口述修复流程	10	(1)无检查过程扣5分; (2)流程设计不正确扣5分				
3	操作过程 正确使用工具设备	10	工具设备使用不合理、不规范每次扣5分				
4	质量检验 作业完成质量	40	(1)高于板面轮廓每处扣8分(每5mm为一处); (2)低于板面轮廓>1mm每处扣8分(每5mm为一处)				
5	工作态度及劳动纪律	10	(1)工作态度不端正扣5分; (2)违反劳动纪律,此项不得分				
6	安全防范措施,场地清理	10	(1)场地不干净扣5分; (2)有安全隐患,不清理场地扣10分				
总分		100					
教师签名:			年 月 日	得分:			

(2)完成本学习任务以后,还有哪些相关问题?

四、学习拓展

(1)在没有损伤漆面的车身覆盖件上设置不同程度的变形,尝试用专用撬棍进行无损修复。

(2)使用不同型号的撬棍进行修复,比较修复效果的差异。

学习任务六

铝质车身覆盖件整形

学习目标

完成本学习任务后,你应当能:
1. 熟悉铝质车身覆盖件的相关特性及修复要求;
2. 掌握铝质车身覆盖件修复的基本工艺流程;
3. 掌握铝质车身覆盖件维修相关工具、设备的使用方法;
4. 掌握铝质车身覆盖件的基本修复方法。

 建议完成本学习任务的时间为 24 课时。

 学习任务(情境)描述

从车身轻量化及碰撞安全性能等方面考量,很多高端品牌(车型)越来越多地使用铝材来制造车身或部分车身部件。铝材与钢材在材料基本特性、维修工具设备及加工方法等方面均有很大差异,作为汽车钣金维修从业人员,必须了解铝质板件的基本维修方法及要求。

一、资 料 收 集

引导问题 1 铝质车身覆盖件修复作业需要遵循哪些基本策略?

1 铝材的相关特性

(1) 铝比钢的硬度低很多,铝质的车身或车架等构件,厚度通常是钢质材料的 2~3 倍。
(2) 铝材发生变形时,能吸收更多碰撞能量,铝板产生冷作硬化后,比钢板更难修复,对于变形量较大的板件,通常采用换件的方式进行维修。
(3) 铝板加热后,表面颜色没有明显变化,不易控制温度;材料受热以后,容易产生变形,对于更换件,通常采用铆接和粘结结合的方式进行维修。

(4)铝材暴露在空气中,表面容易氧化,其氧化层能防止材料进一步氧化,但在焊接时,氧化层的熔点比材料本身高很多,容易引起焊接缺陷。

(5)铝材与钢铁直接接触,会导致材料发生局部腐蚀,必须采用专用维修工具进行维修。

(6)铝材导电性、导热性强,熔点低,易变性,要求使用低电流焊接,必须使用铝材专用的保护焊机及专用介子修复机。

(7)在打磨铝材过程中,会产生很多铝粉,铝粉不但对人体有害,而且易燃易爆,所以要有防爆炸的吸尘集尘系统及时吸收铝粉。

2 铝板基本修复要求

(1)变形后不容易恢复原来的尺寸,通常采用敲虚法进行柔和的敲打,避免板件延展。

(2)不可使用收缩锤敲打铝板,这样做容易使铝板开裂。

(3)打磨铝材时,采用低标号的打磨材料,避免较软的铝与打磨材料粘连;采用低转速,避免摩擦产生高温使板件变形或烧穿板件。

建议使用粒度为80号或100号的砂纸和柔软、有弹性的砂轮垫块;打磨2~3次后,用一块湿布使金属冷却;对于小范围和薄边的打磨,应使用双动作打磨机或抛光机,转速应低于2500 r/min。

(4)铝材被过度敲打的部分会变硬、变脆,要经常加热消除内部的应力,否则会出现敲不动或破裂现象。加热时可以用氧乙炔火焰,也可使用丁烷火焰喷枪,但必须使用较低的温度。

铝板的熔点低,加热温度过高会使板件产生更大的变形或熔化,导致修复失败,可配合使用热敏胶带或热敏涂料控温。

(5)铝板加热后不能立即进行快速冷却,板件温度快速降低会使板件破裂。

引导问题2 铝质车身覆盖件修复作业需要哪些工具、设备和材料?

1 敲打工具

铝材相对硬度较低,容易变形,修复时一般使用木槌、铝锤和木质垫块。图6-1所示为铝质车身锤,外形与钢质车身锤无异,但质量更轻。

2 加热工具

铝板在敲打过程中容易产生延展和硬化,超过一定变形量时必须采取热塑形的方式进行维修,但不可高温加热。

(1)丁烷火焰喷枪,如图6-2所示。喷枪底部有充气口,可使用瓶装丁烷气进行反复充装。

(2)热风枪,如图6-3所示。可以利用温度调节开关调节加热温度。

图6-1 铝质车身锤

图6-2 丁烷火焰喷枪

图6-3 热风枪

3 控温材料

(1)测温标签如图6-4所示。距离修复区约10cm粘贴,板件达到一定温度时,对应的"格子"会改变颜色。修复铝板时,加热温度通常控制在120℃以下。

(2)红外测温仪如图6-5所示。

图6-4 测温标签

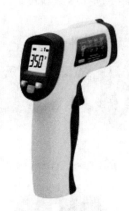
图6-5 红外测温仪

4 打磨工具

(1)钢丝刷,如图6-6所示。
(2)车身锉,如图6-7所示。

图 6-6 钢丝刷

图 6-7 车身锉

(3) 气动角向打磨机,如图 6-8 所示。
(4) 气动盘式打磨机,如图 6-9 所示。

图 6-8 气动角向打磨机　　图 6-9 气动盘式打磨机

5 磨料

与角向打磨机配合使用的砂纸质转聚砂碟如图 6-10 所示,尼龙质转聚砂碟如图 6-11 所示,均带有快速螺纹接口。与盘式打磨机配合使用的圆盘植绒砂纸,带吸尘孔设计,如图 6-12 所示,通常有五孔和六孔设计,应根据盘式打磨机的型号选择圆盘植绒砂纸的直径、孔数和孔型,根据打磨需要选择砂纸粒度。

图 6-10 砂纸质转聚砂碟　　图 6-11 尼龙质转聚砂碟

图 6-12 圆盘植绒砂纸

6 铝焊钉

铝焊钉的头部有一个小凸起，小的接触面积在通电时才能产生较大的电阻热使焊钉和板件熔合，只能一次性使用。铝焊钉规格有 M3、M4、M5、M6 等不同直径，如图 6-13 所示。

7 斜口钳

用于剪断铝焊钉，如图 6-14 所示。

图 6-13 铝焊钉　　　　　图 6-14 斜口钳

8 铝介子机

铝材的导电性强，其电阻是钢板的 1/4～1/5，对铝焊接时的电流就需要钢铁焊接的 4～5 倍，铝介子修复机内部没有线圈变压器，而是通过若干大容量的电容放电实现焊接，与钢材介子焊机不能混用。图 6-15 所示为铝焊钉焊枪。图 6-16 所示为配合不同直径的铝焊钉夹头。有些铝介子机设计为两根搭铁线，搭铁位置应尽量接近修复区域，以减少电流分流影响焊接效果。

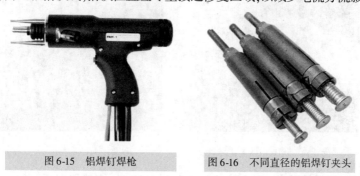

图 6-15 铝焊钉焊枪　　　　　图 6-16 不同直径的铝焊钉夹头

二、实施作业

引导问题 3 铝质车身覆盖件修复的基本流程是怎样的？

（1）打磨板件表面涂层，用钢丝刷清理焊钉焊接端氧化层，否则焊接不牢固。

（2）接通铝焊机的电源，调整合适的电流大小，将铝焊钉安装在焊枪上，通常使铝焊钉露出夹头 2～3 扣螺纹，如图 6-17 所示。可用同质板件试焊，调整至合适的电流。

（3）将铝焊钉压在板件凹陷处，观察焊钉与板件接触面垂直时按压焊枪的启动开关，将焊钉熔接在铝板上。若变形为连贯凹陷，可以焊接多个铝焊钉同时拉伸，每个铝焊钉间隔

15mm左右,如图6-18所示。

(4)把拉伸连接件拧到焊钉的螺纹上,如图6-19所示。注意拧入深度保持一致。

(5)插入钢质焊片拉杆,安装组合拉伸支架进行拉伸,如图6-20所示。当板件变形量超过2mm时必须进行热塑形,用火焰枪对变形处进行加热,如图6-21所示。边加热边拉伸,观察测温标签温度显示,加热温度控制在120℃以下。拉伸到一定高度时候保持拉力,火焰枪加热的同时用垫铁从背面轻轻推挤加热处。

图6-17 安装铝焊钉

图6-18 焊接铝焊钉

图6-19 安装拉伸连接件

图6-20 组合拉伸

(6)停止加热并保持片刻,用吹枪对加热处进行冷却,使其定型。

(7)拉伸完毕后,拆卸组合拉伸工具,用斜嘴钳剪断焊钉,如图6-22所示。

图6-21 加热变形区域

图6-22 用斜嘴钳剪断焊钉

(8)用车身锉或打磨机将焊钉残余金属打磨平整,注意不要过度磨削板件。

(9)根据车身锉打磨留下的痕迹判断修复区高点,用敲虚法逐步整平。此操作与热塑形操作可根据变形恢复情况反复交替进行。

(10)用盘式打磨机安装80号砂纸打磨修复区域的氧化点及划痕,再用120号砂纸进行抛光。

三、评价与反馈

(1)对本学习任务进行评价,评价内容见表6-1。

实训教学课题卡(六)　　　　　　　　　　　　　　　　　　表6-1

专业		班级		学生		学号	
课题号	课题名称	时数	分课题号	分课题名称			时数
6-1	铝质车身覆盖件整形						
实训内容	使用铝介子机及钣金锤对铝质车门变形进行整形修复,熟悉工具、设备的使用方法,练习不同敲打方法的成型技能							
教学组织与工位分配	(1)整队进入实训场地; (2)课前、课后点名; (3)按照课题作业防护要求着装; (4)课前强调组织、纪律及安全注意事项 工位分配:设立2~4个工位,以小组为单位完成课题任务							
课前准备	工具、设备:钣金锤组件、铝介子修复机(含组合拉伸设备)、气吹枪、大力钳、个人防护用品、车门变形压模 材料:教学用铝车门骨架及铝门皮							
说明	本课题要求以小组为单位,通过轮换独立操作、观察、对比,巩固相关知识点提高技能;指导教师对学生进行巡视和指导;变形设置由易到难,循序渐进							
	考核评分标准		考核办法		操作(　) 答辩(　)	时限	min

序号	操作步骤及技术要求	配分	评分细则	考核记录		
				自评	小组互评	教师评价	小计
1	个人防护 各操作环节做好相应防护	20	(1)没有穿工作服扣5分; (2)操作时不戴防护手套扣5分; (3)敲打时不戴护目镜扣5分; (4)打磨时不戴口罩扣5分				
2	准备工作 检查变形区域,标记变形范围,口述修复流程	10	(1)无检查过程扣5分; (2)流程设计不正确扣5分				

续上表

序号	操作步骤及技术要求		配分	评分细则	考核记录			
					自评	小组互评	教师评价	小计
3	操作过程	正确使用工具设备	10	(1)工具设备使用不规范每次扣5分； (2)不采取控温措施不得分				
4	质量检验	作业完成质量	40	(1)高于板面轮廓每处扣8分(每5mm为一处)； (2)低于板面轮廓>1mm每处扣8分(每5mm为一处)				
5	工作态度及劳动纪律		10	(1)工作态度不端正,扣5分； (2)违反劳动纪律,此项不得分				
6	安全防范措施,场地清理		10	(1)场地不干净扣5分； (2)有安全隐患,不清理场地扣10分				
总分			100					
教师签名：				年　月　日		得分：		

(2)完成本学习任务以后,还有哪些相关问题？

四、学习拓展

(1)目前市场上有哪些品牌、款型的轿车采用全铝车身结构？
(2)铝质车身的连接形式有哪些？

项目三 车身测量

学习任务七

基本测量设备及使用

学习目标

完成本学习任务后,你应当能:
1. 明确测量对车身维修精度的作用和意义;
2. 明确车身点对点尺寸的基本标注方法;
3. 掌握点对点测量的基本方法。

 建议完成本学习任务的时间为 **6 课时**。

 学习任务(情境)描述

　　测量工作往往贯穿车身修复整个过程。汽车生产厂家和车身测量设备生产厂家通常会提供各种车型的车身数据图,在图纸上对车身主要定位点和关键零部件安装点进行尺寸标注。当车身发生碰撞产生变形,车身维修技师可以对照对应的车身数据图,对这些关键点位进行测量,然后将实测数据与原始数据进行对比,可以帮助维修技师确定变形部位、变形方向和变形量,并以此为依据制定维修方案;修复过程中的测量可以监控各修复点的尺寸恢复

65

情况,在保证维修精度的同时避免发生不可逆转的人为损坏;修复后的整体测量(终检)可以为修复效果提供尺寸依据。

一、资料收集

引导问题1 测量对车身维修效果有什么影响?

车身在发生较严重的碰撞时,碰撞力会对车身结构产生影响,特别是承载式车身,结构的变形会改变其他零部件的定位精度,恢复碰撞车辆的尺寸是车身修复的目的之一,尺寸数据是车身修复的重要依据,正确使用各种测量工具、设备对于车身结构修复作业尤为重要。

承载式车身的修复通常以拉拔技术为主,除了修复前的损伤评估和车身校正后的复检外,修复过程中由于未能及时测量或测量不准确,可能导致板件被过度拉拔。在长度方向被过度拉拔的板件必须整体更换,想通过推挤或其他方法使被拉长的金属板件缩短是不可能的;在宽度和高度方向过多的反复拉拔则会造成车身钢板的疲劳,从而降低钢板的强度,影响整体维修质量。

三维测量系统虽然能对车身进行全面的测量,但如果每个工作程序都以三维测量系统来实施,会消耗大量时间,同时增加了工作量。在校正过程中反复进行的,以检验局部校正结果为目的的测量,主要还是以传统量具、量规为主。通过一些一般性检查及简单的受力分析,制订出合适的测量方案,能准确有效地得出检查结果,避免不必要的工作,缩短工期。

引导问题2 常用测量工具有哪些?

车身尺寸以零部件的安装孔中心、工艺定位孔中心和板件的轮廓边缘作为测量基准,用于测量的点称为测量基准点。为适应不同需要,车身尺寸数据通常以两种方法进行标注,一种是两点之间的直线距离,又称点对点测量法,如图7-1中方法1所示;另一种是两点相对于某一平面的投影距离,又称平行测量法,如图13-4中方法2所示。测量时需根据具体标注方法选择合适的测量工具,并以对应的方法进行测量。常用的测量工具有卷尺和轨道式量规,与三维测量互补,在车身维修作业中被广泛使用。

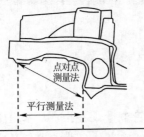

图7-1 不同测量方法

1 卷尺

通常用于测量两点之间的直线距离。不论孔径大小,卷尺都不易对准被测量孔洞的中心,而有些测量孔并不是圆形的。当两测量孔的直径相同时,两孔边缘的距离(L_1)就是两孔中心间距(L),即$L = L_1$,使用卷尺可以方便地测量出两孔同侧边缘的距离,如图7-2所示;当两测量孔的直径不相同时,可分别测出两孔内侧边缘距离(L_1)和外侧边缘距离(L_2),再通过简单计算可得出两孔中心间距(L),计算方法为:$L = (L_1 + L_2)/2$,如图7-3所示。

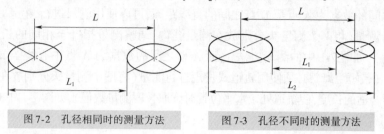

图7-2　孔径相同时的测量方法　　　图7-3　孔径不同时的测量方法

2 轨道式量规

通常用于测量两点相对于某一平面的投影距离。设备包括一根轨道和两根带锥形测量头的测量指针,指针由滑座垂直安装在轨道上,滑座上的紧固螺钉可将滑座固定在轨道上的任何位置,指针在滑座上也可调整伸出的长度,如图7-4和图7-5所示。当测量孔直径小于测量头直径时,将锥形测量头放入测量孔内,使测量头锥形表面与测量孔周边充分贴合,测量头与测量孔中轴线自然对正,可直接读取两孔中心距离;当测量孔直径大于测量头直径时,可采用图7-2及图7-3所示方法进行测量。

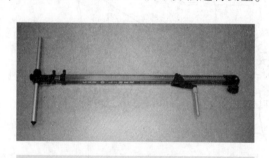 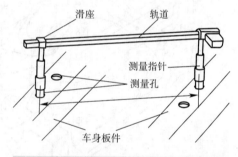

图7-4　轨道式量规　　　　图7-5　轨道式量规测量两孔中心距

由于车身尺寸的测量和标注方法不同,有些尺寸不能用卷尺进行点对点直线测量,否则测量获得的数据不能与标准数据有效对比。图7-1中对于同一对测量点采用了两种测量方法,方法1可用卷尺测量,也可将轨道式量规的两根指针调整至相同长度进行测量;方法2则必须将轨道式量规的两根指针调整至不同长度,在轨道处于水平的状态时进行测量。轨道式量规还能在两测量点之间有障碍物时进行测量。

二、实 施 作 业

引导问题3　怎样正确识读车身数据图?

在进行车身钣金维修作业的过程中,点对点的数据可以帮助维修技师有效确定车身结构变形区域是否恢复原位,还能在局部板件更换的时候,对新板件进行定位。车身数据图中不同的标注方法也代表不同的测量方法,如图7-6所示,A-D之间的数据为938mm(车身数据图中的尺寸单位为mm,一般不作具体标注),A-C之间的数据为705mm,实际两者的测量方式是不同的。A-D之间的数据为A点至D点之间的直线距离,可以使用卷尺进行测量,也可以使用轨道式量规进行测量(将两个测量头分别放在测量孔内,调整测量指针至相同的长度,直接读取长度测量数值),如图7-1中的测量方法1;而A-C之间的数据为A点中心线至D点中心线之间的垂线距离(最短距离),必须使用轨道式量规进行测量(将两个测量头分别放在测量孔内,调整测量指针至合适的长度,使轨道处于水平位置时读取长度测量数值),如图7-1中的测量方法2。

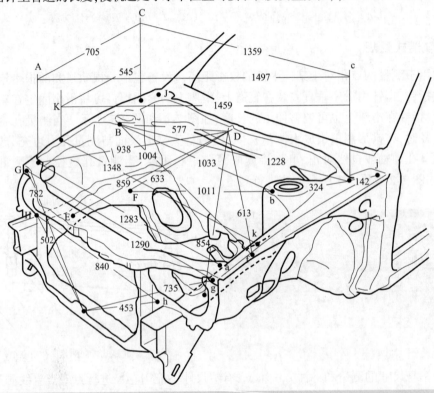

图7-6　车身发动机舱点对点数据图

车身维修作业中有一个必要工序称为"装合",具体操作是在维修后的车身上安装新部件,以确定所有修复或更换件都已符合尺寸(配合)要求,避免将维修精度问题留到涂装作业以后。车身是复杂的框架结构,而变形后的车身,各测量基准点可能在长、宽、高不同方向都存在变形,用单一数据往往不能准确定位车身某一点在空间中的具体位置,特别是对于更换新部件来说,焊接后发现的尺寸问题可能无法再修正,因此焊接之前必须确保新部件安装位置的精度,确定无误后再进行焊接。

实际工作中,有很多车身维修技师过于依赖以"装合"的方式来确定变形,也就是以没有变形的新部件为基准比对修复区是否恢复原位,整个维修过程要进行若干次拆装比对。如图7-7所示,如果车身A柱发生碰撞变形,在拉伸修复(或更换新件)过程中,临时安装新车门和前风窗玻璃,以新部件的外形轮廓来检验车身修复区的配合间隙和平面度。此方法在处理简单变形时是比较直观有效的,但重复的安装和拆卸导致工作效率不高,还容易损坏新部件；在处理相对复杂的结构件变形时，用单一零部件进行比对的结果可能是不准确的，容易导致判断失误。利用图纸中前门框和前风窗安装位置的数据，可以从不同方位确定相关部件是否修复(安装)到位。在找不到对应车身数据图的时候，可以利用车身对称的原理，以另一侧的测量数据作为参考，也可以找到另一辆同款型车辆获得测量数据。相对来说，测量点越多，修复精度越有保障。测量点对点数据的时候，一定要根据图纸标注找到对应的车身测量点，并且按照尺寸标注方式以合适的测量方法进行测量，待所有可参照数据都测量无误后，将"装合"工序放在最后完成。图7-8所示为车身后部点对点数据图。

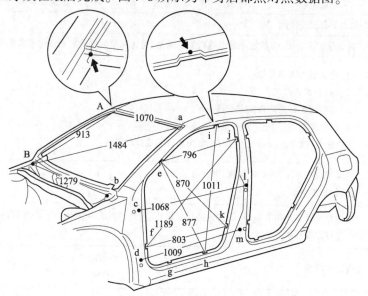

图7-7　车身中部点对点数据图

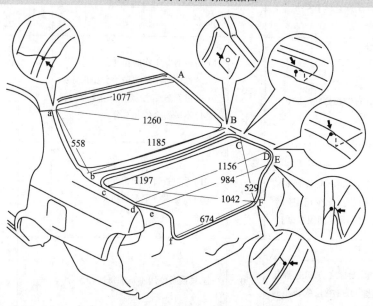

图7-8　车身后部点对点数据图

项目三 车身测量

三、评价与反馈

(1) 对本学习任务进行评价，评价内容见表7-1。

实训教学课题卡(七)　　　　　　　　　　　　　　　表7-1

专业		班级		学生		学号	
课题号	课题名称	时数	分课题号		分课题名称		时数
7-1	基本测量设备使用						
实训内容	通过读取车身图，对指定测量点进行实际测量，对比标准数据确定测量位置和测量方法是否正确							
教学组织与工位分配	(1) 整队进入实训场地； (2) 课前、课后点名； (3) 按照课题作业防护要求着装； (4) 课前强调组织、纪律及安全注意事项 工位分配：设立2~4个工位，以小组为单位完成课题任务							
课前准备	工具、设备：卷尺、轨道式量规、举升机 材料：教学用车							
说明	本课题要求以小组为单位，通过轮换独立操作、观察、对比，巩固相关知识点提高技能；指导教师对学生进行巡视和指导							
考核评分标准			考核办法		操作(　) 答辩(　)	时限	min

序号	操作步骤及技术要求	配分	评分细则	考核记录			
				自评	小组互评	教师评价	小计
1	个人防护 各操作环节做好相应防护	20	(1) 没有穿工作服扣5分； (2) 操作时不戴防护手套扣5分； (3) 进入车底时不戴目镜扣5分； (4) 不戴安全帽扣5分				
2	准备工作 读取车身数据图，找到对应的车身测量点(至少指定四个测量点，分别测量四组数据)	20	(1) 无检查过程扣5分； (2) 流程设计不正确扣5分				
3	操作过程 根据图纸标注方式选择正确的测量工具(卷尺或轨道式量规)	20	工具设备使用不正确每次扣5分				

续上表

序号	操作步骤及技术要求	配分	评分细则	考核记录			
				自评	小组互评	教师评价	小计
4	质量检验 作业完成质量	20	每组数据测量误差>2mm 扣5分				
5	工作态度及劳动纪律	10	(1)工作态度不端正扣5分 (2)违反劳动纪律,此项不得分				
6	安全防范措施,场地清理	10	(1)场地不干净扣5分; (2)有安全隐患,不清理场地扣10分				
总分		100					
教师签名:			年 月 日		得分:		

(2)完成本学习任务以后,还有哪些相关问题?

四、学 习 拓 展

(1)自行选择一辆车,对车身前部进行测量,并根据结构特点及测量方式进行数据标注。
(2)自行选择一辆车,对车身中部空间进行测量,并根据结构特点及测量方式进行数据标注。

学习任务八 机械式通用车身测量系统及使用

学习目标

完成本学习任务后,你应当能:
1. 了解机械式通用车身三维测量系统的基本结构组成;
2. 明确三维测量的基本原理;
3. 正确读取典型车身三维数据图;
4. 正确操作机械式通用车身三维测量系统测量车身底盘数据;
5. 根据车身底盘实测数据判断测量点的变形矢量。

建议完成本学习任务的时间为 12 课时。

学习任务(情境)描述

一辆爱丽舍轿车的左前侧在行驶过程中发生碰撞。经表面检查,该车前部保险杠严重破裂,发动机舱盖及左侧翼子板变形,散热器框架变形;驾驶员主诉车辆碰撞后虽然能够驾驶,但车辆跑偏操控吃力。综合上述现象,怀疑车身前纵梁及减振座均在碰撞中受损变形,需要对车身进行三维测量,确定该车前部结构件是否发生变形,以进一步确定具体维修方案及维修项目。

一、资料收集

引导问题 1 机械式通用车身三维测量系统的基本结构是怎样的?

机械式通用车身三维测量系统通常与车身校正平台配合使用,图 8-1 所示为安装在校正平台上的测量系统,由导轨尺、横尺、车身上部测量立尺、标尺筒和各种测量头组成,横尺的零刻度在中间位置。

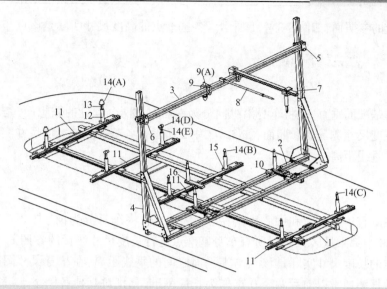

图8-1 机械式通用车身三维测量系统

1-长导轨;2-短导轨(用于车身上部尺寸测量);3-上横尺;4-垂直三脚架组件;5-上横尺固定组件-左侧;6-上横尺固定组件-右侧;7-刚性量规;8-探测量规;9-上标尺导块组件;9(A)-上标尺柱;10-基准杆组件;11-横尺;12-标尺筒(6种长度);13-标尺(6种长度);14(A)~(E)-不同型号测量头;15-标尺固定器;16-不对称垂直标尺固定器

使用时导轨尺沿车身长度方向安放在车身下;横尺通过滑座安装在导轨尺上,两者在水平面上相互垂直,横尺可在导轨尺上前后水平移动调整长度位置;标尺筒通过固定器安装在横尺上,如图8-2所示,两者相互垂直,固定器可在横尺上左右水平移动调整宽度位置;标尺可在标尺筒内自由伸缩调整高度位置。当测量头与测量基准点正确接触时,可在导轨尺、横尺和标尺上分别读取到该基准点的长、宽、高数据。

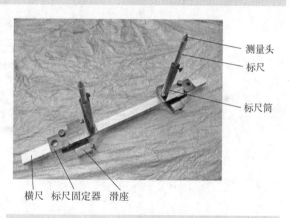

图8-2 标尺筒的安装

引导问题2 车身三维测量原理是怎样的?

在整个车身修理过程中,不论车架式车身还是整体式车身,测量是非常重要的。车身是立体结构,各测量点在空间中并不处于同一平面,以三维(长、宽、高)尺寸才能更准确地表达车身各点在空间中的具体位置,数据图主要对车身底盘的关键点进行数据标注,因为只有当这些尺寸被修复到位以后,车身才能满足安全、稳定行驶这一最基本的要求。

1 高度

基准面是与车身底盘平行并与其有固定距离的一个假想面,是对所有车身基准点进行高度尺寸测量的参照面,如图8-3中1所示。各基准点的高度尺寸实际是该点与基准面之间的垂线距离。

2 宽度

中心面与基准面垂直,是将车身沿纵向分为左右对称两个部分的假想面,是对所有车身基准点进行宽度尺寸测量的参照面,如图8-3中2所示。各基准点的宽度尺寸实际是该点与中心面之间的垂线距离。

3 长度

零平面是垂直于基准面和中心面的两个假想平面,将车身分为前、中、后三个部分(即前、后吸能区和中部乘员区),是对所有车身基准点进行长度尺寸测量的参照面,如图8-3所示。各基准点的长度尺寸实际是该点与零平面之间的垂线距离,在车身尺寸图中也被称为零点。车身数据图通常以前后两个0点作为长度基准,分别对其他各测量点进行长度尺寸标注。当车身前部受损,前零点可能已经发生变形,则使用后零点作为长度测量基准;当车身后部受损,后零点可能已经发生变形,则使用前零点作为长度测量基准。

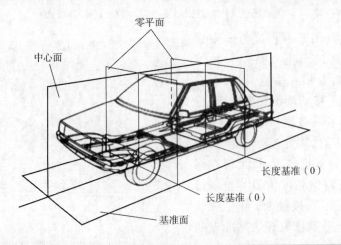

图8-3 测量基准

车身原始数据是在车身底盘与测量基准面平行且车身中心面与测量系统中心线对齐的情况下获得的。汽车生产厂家或测量设备生产厂家对完好的车身进行测量,再将各测量点的基本特征、所使用的量头型号、搭配方式和三维数据等信息制成图纸,表示车身在正常状态下各点的空间位置。当车身发生碰撞,维修技师利用对应的车身数据图,将任意两对没有变形的测量点调整至原始数据,一般以刚性最强不易变形的车身中部的两对点作为车身测量时的定位基准(通常采用前后零点),此时车身处于与测量基准面平行且车身中心面与测量系统中心线对齐的位置,再以图纸对应的测量头测量其他测量点,将实测数据与标准数据进行对比,就能够确定测量点往哪个方向、产生了多大的变形量,若测出的数据与原始数据误差≤±3mm,说明该测量点符合使用要求。

二、实施作业

引导问题 3 怎样正确使用机械式通用车身三维测量系统？

1 准备车身数据图

任何一款车型，汽车生产厂家和测量设备生产厂家都提供了必要的车身尺寸数据，在进行碰撞评估及车身修复时，应找到与待修车辆对应的车身尺寸数据，以此作为恢复车身尺寸的依据，车身数据图必须与待修车辆的品牌、款型、生产年份等信息一一对应。

图 8-4 所示为奔腾车身三维测量系统配套雪铁龙-爱丽舍车型车身底盘数据图。高度数据为车身前部第一点的高度数据（230mm）和测量该点所使用的测量头型号（C 型测量头）。宽度数据如图 8-4 所示。该车型数据图所选基准点的宽度尺寸都是左右对称的，但并不是所有车型都是这样，有些车型左右两点的宽度数据是不一样的，使用时应核对清楚。长度数据如图 8-4 所示。该车型数据图采用两个零点，分别以前零点作为后部尺寸长度基准，以后零点作为前部尺寸长度基准，每个长度数据表示零点到该点的投影距离，而不是相邻两点之间的投影距离。如图 8-4 所示，1455mm、1655mm、1985mm、2274mm、2935mm、3197mm 等长度数据，都是以后零点作为长度测量基准测出的其他各测量点的长度数据；289mm、619mm、819mm、2274mm 等长度数据，都是以前零点作为长度测量基准测出的其他各测量点的长度数据。

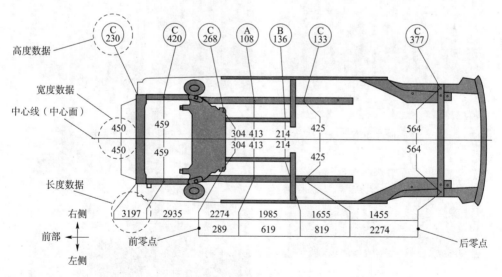

图 8-4 爱丽舍车身底盘数据图

2 调整测量基准

将车身安装到校正平台上以后，车身与测量系统之间的相对位置不能直接进行测量，使用机械式通用车身三维测量系统测量前,必须调整测量基准,使车身与测量系统的基准面平行和中心面对齐,也就是将两者的相对位置调整至厂家获得原始数据时的状态。

图8-5 调整导轨尺与车身中心线大致对齐

(1)基础安装:将导轨尺放入车身底部,观察导轨尺与车身的相对位置,大致调整两者中心线对齐,如图8-5所示。对照车身数据图在车身上寻找前后零点作为定位基准点(也可选择两对没有变形的基准点作为定位基准),将两根横尺安装到导轨尺上,分别移动至基准点下方。

(2)基准面调整:目测基准点与横尺间的垂线距离,选择合适的标尺筒,如图8-6所示,安装到四个固定器上;按照车身数据图提示选择对应的测量头,如图8-7所示,安装于标尺顶端。调整横尺和固定器的位置,使标尺升高以后与基准点充分接触,如图8-8所示。在标尺上读取前后零点的高度数据,依据图纸上两对零点的高度数据,旋转平台主夹具上的高度调节螺母来调整车身高度。如图8-4所示,前零点标准高度值为268mm,后零点标准高度值为377mm,若车身在前后零点处都没有变形,将前后零点的高度读数分别调整至标准数值,则车身底盘与测量系统(导轨)处于平行位置,后期所有其他测量点测出的高度数值直接与标准数值比较即可。

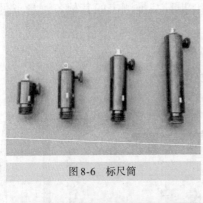

图8-6 标尺筒

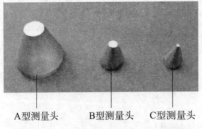

A型测量头　B型测量头　C型测量头

图8-7 测量头

图8-8 升高标尺与基准点充分接触

虽然车身垂直方向的尺寸数据已给定,在车身校正过程中有时候车身底盘与校正平台间距大小不便于维修操作,完全可以将车身平行调整(升高或降低)至便于操作的高度,根据实际需要自己确定基准面的特定高度,但特定基准面必须与生产厂家所规定的基准面平行。如将车身前零点高度调整为300mm(268mm + 32mm = 300mm),则后零点高度必须调整为409mm(377mm + 32mm = 409mm),只要前后零点的高度差值保持一致(409mm - 300mm = 377mm - 268mm = 109mm),则车身底盘与测量系统(导轨)仍处于平行位置。示例中因车身整体被升高了32mm,则后期所有其他测量点测出的高度数值必须减去32mm再与标准数值对比。

(3)中心面调整:在横尺上读取前后零点的宽度数据,因横尺的零刻度在中间位置,读取一对零点两侧的宽度数据,若两侧的宽度实际读数不相同,说明测量系统的中心线在该测量点处与车身中心线没有对齐。调整测量系统导轨的位置,将导轨向宽度读数大的一侧移动,直至两侧宽度读数相同,则测量系统与车身中心线在该测量点附近已经对齐。以同样的方法调整另一对零点的宽度读数,当两对零点左右宽度读数分别相同时,则测量系统与车身中心线已整体对齐。

不同测量系统生产厂家可能采用不同的设计形式,测量头也有不同的外形特征,以至于车身数据图的标注方式、尺寸数据也会不同,所以不同厂家的测量设备和数据图不能混用。

3 其他测量点变形矢量确定

(1)分别找到其他测量点的位置,按照图纸提示选用对应的测量附件正确安装,依次测量其他测量点的三维数据,测量后记录每一个测量点的实测数据。测量和拉伸校正期间不得移动车身和导轨尺,否则需按照上述步骤重新调整。

(2)将实测数据与标注数据对比,确定各基准点的变形量与变形方向。如测量车身右侧前部第一测量点,实测长3162mm、宽427mm、高241mm,对照车身数据图,该测量点原始数据分别为长3197mm、宽450mm、高230mm,则该测量点长度方向向后变形3197 - 3162 = 35(mm)、宽度方向向左变形450 - 427 = 23(mm)、高度方向向上变形241 - 230 = 11(mm)。若在基准面调整阶段将车身整体升高了32mm,任何测量点测出的高度数据在减去32mm后才能与标准高度数据对比,则本示例中测量点的实际高度数据为241 - 32 = 209(mm),高度方向向下变形为230 - 209 = 21(mm)。

三、评价与反馈

(1)对本学习任务进行评价,评价内容见表8-1。

实训教学课题卡（八）　　　　　表 8-1

专业		班级		学生		学号	
课题号	课题名称	时数	分课题号		分课题名称		时数
8-1	机械式通用车身测量系统使用						
实训内容	检索车身图，在车身上安装前后零点建立测量基准，并对指定测量点进行三维测量，确定变形矢量						
教学组织与工位分配	(1)整队进入实训场地； (2)课前、课后点名； (3)按照课题作业防护要求着装； (4)课前强调组织、纪律及安全注意事项 工位分配：设立 1~2 个工位，以小组为单位完成课题任务						
课前准备	工具、设备：车身校正平台、机械式通用车身测量系统、教学用白车身 材料：与车身对应的车身数据图						
说明	本课题要求以小组为单位，通过轮换独立操作，巩固相关知识点提高技能；指导教师对学生进行巡视和指导；变形设置由易到难，循序渐进						
考核评分标准			考核办法	操作（　） 答辩（　）		时限	min

序号	操作步骤及技术要求	配分	评分细则	考核记录			
				自评	小组互评	教师评价	小计
1	个人防护 各操作环节做好相应防护	20	(1)没有穿工作服扣 5 分； (2)操作时不戴防护手套扣 5 分； (3)敲打时不戴护目镜扣 5 分； (4)打磨时不戴口罩扣 5 分				
2	准备工作 检索车身数据图，将横尺分别放置在导轨前后零点位置；观察横尺零刻度位置，调整导轨，使导轨中心线与车身中心面大致对齐	10	(1)测量点错误扣 5 分； (2)无调整过程扣 5 分				
3	操作过程 选择正确型号的测量头，与滑座、标尺配合安装于横尺上；调整车身基准面与测量系统平行；调整车身与测量系统中心面对齐	30	(1)测量头选择错误每个 5 分； (2)每个测量点调整误差 >2mm 扣 5 分				

续上表

序号	操作步骤及技术要求	配分	评分细则	考核记录			
				自评	小组互评	教师评价	小计
4	质量检验 标注指定测量点三维变形矢量	20	(1)高度数据错误扣10分; (2)长度、宽度数据错误扣5分				
5	工作态度及劳动纪律	10	(1)工作态度不端正扣5分; (2)违反劳动纪律,此项不得分				
6	安全防范措施,场地清理	10	(1)场地不干净扣5分; (2)有安全隐患,不清理场地扣10分				
总分		100					
教师签名:			年　　月　　日	得分:			

(2)完成本学习任务以后,还有哪些相关问题?

四、学习拓展

(1)使用短导轨和垂直三脚架等组件,对车门框尺寸进行三维测量。
(2)使用短导轨和垂直三脚架等组件,对车身前部减振座进行三维测量。

项目三 车身测量

学习任务九 模具量头型车身测量系统及使用

学习目标

完成本学习任务后,你应当能:
1. 熟悉模具量头型车身测量设备的基本结构组成;
2. 掌握模具量头型车身测量设备的正确使用方法;
3. 正确使用模具量头型车身测量设备对承载式车身进行测量。

 建议完成本学习任务的时间为 24 课时。

学习任务(情境)描述

一辆爱丽舍轿车的左前侧在行驶过程中发生碰撞。经表面检查,该车前部保险杠严重破裂,发动机舱盖及左侧翼子板变形,散热器框架变形;驾驶员主诉车辆碰撞后虽然能够驾驶,但车辆跑偏操控吃力。综合上述现象,怀疑车身前纵梁及减振座均在碰撞中受损变形,需要对车身进行三维测量,确定该车前部结构件是否发生变形,以进一步确定具体维修方案及维修项目。

一、资料收集

 引导问题 1 不同车身测量设备的结构及使用特点有什么区别?

车身三维测量设备虽有不同的种类,但基本使用原理大致相同,只是有些测量设备从结构设计环节简化了使用人员的操作步骤,使车身维修技师的操作过程更简单、直观。

机械式车身三维测量设备：设备生产商在车身与测量系统基准面平行且中心面对齐的情况下，采集车身底盘关键点位的三维数据，以此作为该款型车身的标准数据。车身维修技师使用时，在待修车辆上找到两对没有变形的测量点，依据这两对点的原始数据将车身与测量系统调整到基准面平行且中心面对齐的状态，再对其他疑似变形点进行三维测量，将得到的三维数据与原始数据进行对比，确定各测量点的变形矢量。

专用模具量头型车身测量设备：如法国品牌CELETTE（使力得），设备生产商在车身与测量系统基准面平行且中心面对齐的情况下，采集车身底盘关键点位的三维数据，直接加工成类似于车身生产线对应各点的模具。车身维修技师使用时，在待修车辆上找到至少两对没有变形的测量点，依据图纸标注安装模具测量头，当几个完好点位与模具测量头安装固定后，说明车身与测量系统处于基准面平行且中心面对齐的状态。对照图纸在其他疑似变形点位安装测量头，观察各测量点与对应模具测量头的相对位置，若两者配合良好则说明该测量点没有变形或已被修复到位，若两者配合不良则说明该测量点存在变形。整个测量过程无须任何数据，操作直观、快捷，但一套模具量头通常只能用于一款车型，使用成本会随着新车型的不断面世而不断提高。

通用模具量头型车身测量设备：如意大利品牌SPANESI（斯潘内锡），设备生产商加工出若干不同形状的标准模块，在车身与测量系统基准面平行且中心面对齐的情况下，将合适的模块安装到车身底盘各测量点上，采集车身底盘关键点位的三维数据，以此作为该款型车身的标准数据。车身维修技师使用时，在待修车辆上找到两对没有变形的测量点，依据图纸标注的型号、数据和方位安装测量模块，当几个完好点位与测量模块安装固定后，说明车身与测量系统处于基准面平行且中心面对齐的状态。观察其他各测量点与对应模具测量头的相对位置，或对比实际测量数据和标准数据，可确定各测量点的变形矢量。

各种模具量头型车身测量设备的优点在于：修复和测量同时进行，操作过程简单、直观，工作效率高；测量（修复）精度高；量头及测量模块坚固结实，没有变形或已经修复到位的点位可以与测量头固定，不受后续其他点位拉伸校正的影响；局部结构件更换时，能够利用模具测量头对更换件准确定位。

引导问题2　模具量头型车身测量设备的基本结构是怎样的？

1 专用模具量头型车身测量设备

CELETTE（使力得）车身测量校正设备，如图9-1所示，由"Sevenne"型车身校正架、组合横梁、MZ量柱和MZ量头组件组成，另有活动式拉塔柱为校正车身变形提供拉力。

（1）基础框架。"Sevenne"型车身校正架装有4个万向脚轮便于移动，如图9-2所示。图9-3所示为校正架俯视图，校正架两边加工有若干标准孔用于安装组合横梁，相邻两孔之间依次标注了序号提示安装位置，箭头指向为校正架和车身前部（车头方向）。

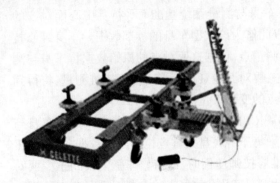
图9-1　CELETTE车身测量校正设备

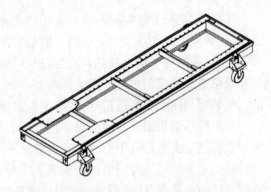
图9-2　"Sevenne"型车身校正架

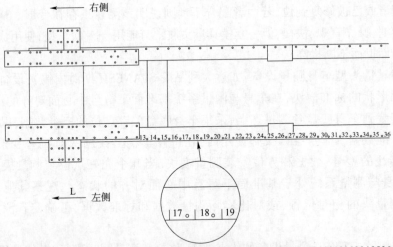
图9-3　校正架俯视图

（2）组合横梁。组合横梁为通用部件，标准配置共有A、B、C1、C2、D 5个部件，如图9-4所示。维修不同车型时按照图纸提示将组合横梁安装在校正架的不同孔位，横梁上加工有若干带螺纹的标准安装孔，用于定位MZ量柱。

图9-4　组合横梁

（3）MZ量柱。MZ量柱也是通用部件，图9-5所示为全套MZ量柱，底座加工有标准安装孔，可用螺栓安装在组合横梁上，量柱顶端用于安装MZ模具量头，以插销B70固定。图9-6所示为MZ量柱的型号和安装方向标识。

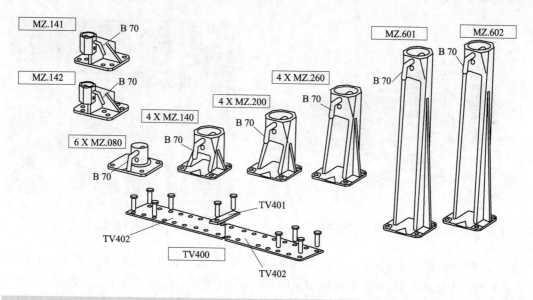

图9-5　全套MZ量柱

（4）MZ量头。MZ量头为专用部件，一套量头只能用于一款车型（或共用底盘系列车型），图9-7所示为MZ量头工具车，每套量头均配备该款车型的装配图。

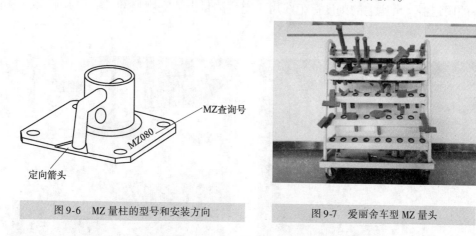

图9-6　MZ量柱的型号和安装方向　　　图9-7　爱丽舍车型MZ量头

2　通用模具量头型车身测量设备

SPANESI（斯潘内锡）车身测量校正设备，图9-8所示为独立式校正台，由基础框架、组合横梁、滑座、立柱和各种通用模具量头（标准模块）组件组成。另有活动式拉塔柱为校正车身变形提供拉力。

（1）基础框架。移动式车身校正架装有4个万向脚轮便于移动，外形结构与CELETTE

（使力得）车身测量校正设备的基础框架类似。校正架两侧边装有尺带，用于指示组合横梁的安装位置，定位测量点的长度尺寸，类似于机械式通用车身测量设备的导轨。图9-9所示为校正架长度标尺。

图9-8 SPANESI独立式校正台　　　　图9-9 长度标尺

（2）组合横梁。组合横梁标准配置为5根，与两端的滑座配合安装于校正架上平面，与基础框架的中轴线垂直，可沿基础框架纵向平行移动，类似于机械式通用车身测量设备的横尺，图9-10所示为长度数据读取位置。每根横梁均装有尺带，零刻度在横梁的中间位置，用于指示滑座的安装位置、定位测量点的宽度尺寸。

（3）滑座。滑座安装于组合横梁上，可沿横梁横向平行移动，类似于机械式通用车身测量设备的固定器。滑座上的刻度标记线用于定位测量点的宽度尺寸，图9-11所示为宽度数据读取位置。

图9-10 长度数据读取位置　　　　图9-11 宽度数据读取位置

（4）立柱。立柱安装于滑座中心孔，可在滑座中心孔内垂直升降，由滑座上的紧固螺栓锁止，类似于机械式通用车身测量设备的标尺。立柱上装有尺带，用于指示立柱的安装位置、定位测量点的高度尺寸，如图9-12所示，滑座中心孔上平面为高度数据读取位置。

(5)模具量头组件。模具量头组件有多种不同形式,根据图纸提示搭配组合,适用于各种车型。图9-13所示为测量模块工具车。

图9-12　高度数据读取位置　　　图9-13　测量模块工具车

二、实施作业

引导问题3　专用模具量头型车身测量设备的使用方法是怎样的?

以雪铁龙(CITROEN)2013款爱丽舍轿车为例,演示CELETTE(使力得)车身测量校正设备的操作流程如下。

1 准备量头组件和安装图纸

检索待修车辆的品牌、款型、生产年份等基本信息,准备对应的量头组件和安装图纸。车身量头装配图提示组合横梁、MZ量柱、MZ量头的组合形式、安装位置和安装方向等装配信息。图纸正面表达车身整备状态的安装方法,如图9-14所示;反面表达白车身状态的安装方法,如图9-15所示。如果待修车辆前部受损,仅拆除了前悬架,则车身前部量头按照白车身图纸装配,其他点位按照车身整备状态的图纸装配。该图纸为CITROEN品牌ZX(富康)款型车的维修装配图,与其采用共用底盘的XSARA(塞纳)车型以及其他改款车型(如爱丽舍)也能使用同一套量头,图中"612"即为对应该系列共用底盘车型的量头代码。

2 安装组合横梁

按照图9-16提示,取组合横梁A、B纵向安装在车身校正架前端1~12号孔位区域;取组合横梁C1横向安装在20号孔位;取组合横梁D横向安装在32号孔位;取组合横梁C2横向安装在35号孔位。

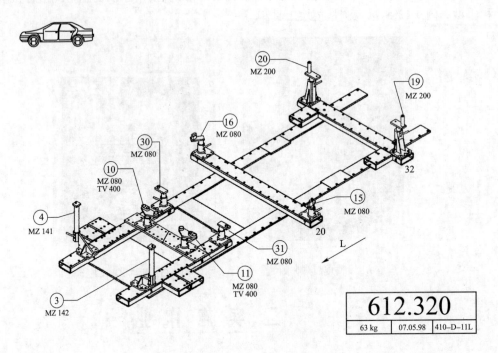

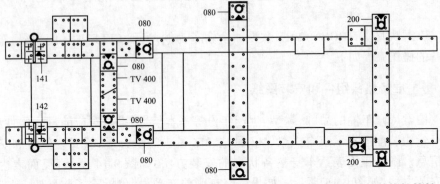

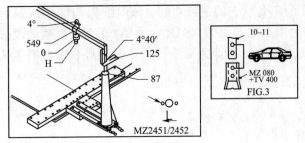

图 9-14　整备车身装配图

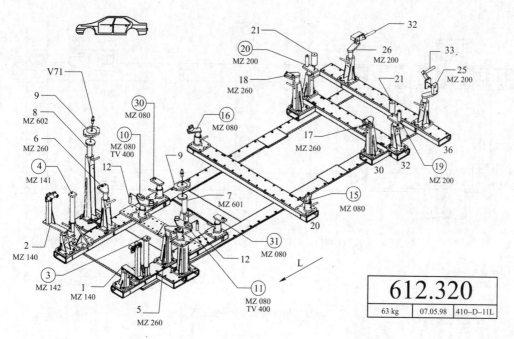

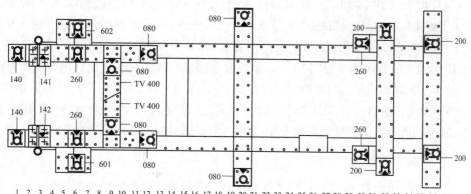

○ 无论是白车身还是整车都要检查的点

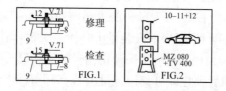

图9-15 白车身装配图

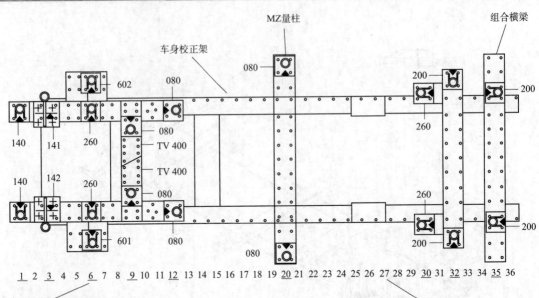

图9-16 组合横梁与量柱安装图

3 安装MZ量柱

检索安装图纸（图9-16），取两块TV400横向安装在9号孔位，斜接缝以TV401搭接；取两个MZ140安装在1号孔位；取MZ141、MZ142量柱安装在3号孔位；取2个MZ260安装在6号孔位内侧；取MZ601、MZ602安装在6号孔位外侧；取6个MZ080分别安装在9号、12号及20号孔位；取2个MZ260安装在30号孔位；取4个MZ200分别安装在32及35号孔位。注意量柱的安装方向，如图9-17所示，量柱底部的定向箭头应与图纸提示的安装方向相符。

该车前部碰撞受损，经目测车身中部及车身后部均保持完好，可在车身中部（刚性区）选择至少两对测量点进行安装，恢复车身与测量系统之间的原始定位，如9号、30号孔位；车身前部为受损区域，所有图示测量点必须安装；其他各测量点可根据实际需要选择安装。

4 安装MZ量头

检索安装图纸（图9-18），按照图纸编号取对应量头安装在量柱顶端装配孔内。每个量头底部均刻有零件号，后两位数字与该量头在图纸上的编号保持一致，尾号为奇数的量头用于车身左侧，尾号为偶数的量头用于车身右侧；每个量头的顶部均刻有"←"符号，且用于车身左侧的量头在箭头上还刻有大写"L"字母便于区别；安装量头时，"←"符号均指向车身正前方。

用B70插销将9号、30号孔位量柱与对应量头锁止，准备定位车身。有些量柱和量头仅有一个定位孔，直接用B70插销将两者锁止即可；有些量柱和量头上有两个或多个定位孔，则需要检索图纸上的附加说明确定锁止位置，如车身悬架拆除和未拆除时，悬架测量点的安装高度是不一样的。图9-19所示为同一测量点在不同状态下的装配方法，图9-19a）所示为白车身状态下，10号、11号量头加配12号组件，安装在TV400上的MZ080量柱里（20号孔位），用B70

插销将量头下定位孔和量柱上定位孔对齐锁止;图9-19b)所示为整备车状态下,10号、11号量头,安装在TV400上的MZ080量柱里(20号孔位),用B70插销将量头上定位孔和量柱上定位孔对齐锁止。

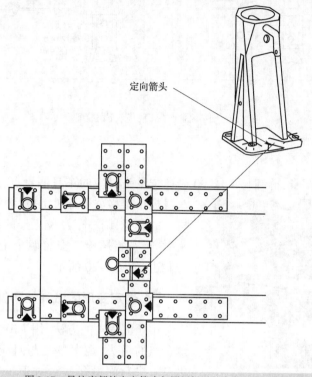

图9-17 量柱底部的定向箭头与图纸提示的安装方向相符

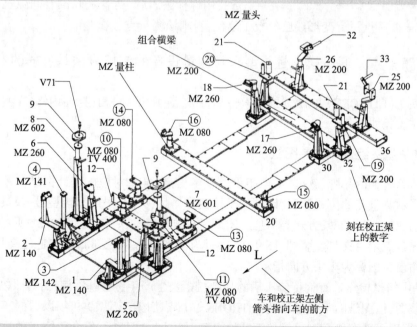

图9-18 MZ量头装配图

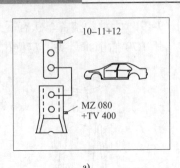
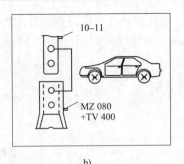

图9-19 同一测量点在不同状态下的装配方法

5 安装车身

用举升机顶起车身,拆卸与9号、30号孔位量头对应的车身测量点上的螺栓及部件,将车身校正架移至举升机工位,缓缓降下停放于举升机上的车身,调整车身校正架的位置使测量孔与量头对齐,安装螺栓。安装四个主夹具,妥善固定车身裙边,如图9-20所示。

图9-20 主夹具固定车身裙边

6 确定变形区域其他测量点的变形矢量

按照流程4的方法,用B70插销锁止其他每个测量点的量头,观察量头与对应测量孔的接触面,以及量头与测量孔是否对正。当量头中心孔与测量孔用螺栓紧固后,两者之间没有间隙且插销还能转动,说明该测量点没有变形或已经校正复位,否则该测量点存在变形。

引导问题4　通用模具量头型车身测量设备的使用方法是怎样的?

以雪铁龙(CITROEN)2007款毕加索轿车为例,演示SPANESI(斯潘内锡)车身测量校正设备的操作流程如下。

1 准备量头组件和安装图纸

检索待修车辆的品牌、款型、生产年份等基本信息,准备对应的安装图纸。车身定位夹具安装图提示测量点的位置和三维数据、模具型号、测量头的型号、车辆型号、模具旋转方向和角度、模具和测量头安装方式等信息。图纸箭头方向是车头方向。图9-21所示为毕加索轿车前部测量点定位夹具安装图,图9-22所示为毕加索轿车后部测量点定位夹具安装图。图纸左下角箭头图标为车头方向指示。

(1)基本信息检索。查询待修车辆的品牌、款型、生产年份等基本信息,对照数据库选择对应的安装图,该图纸右下角显示为CITROEN品牌毕加索车型1999年以后的车身维修装配图,在数据库可选车辆款型里最接近待修车辆,如图9-23所示,符合待修车辆基本信息。

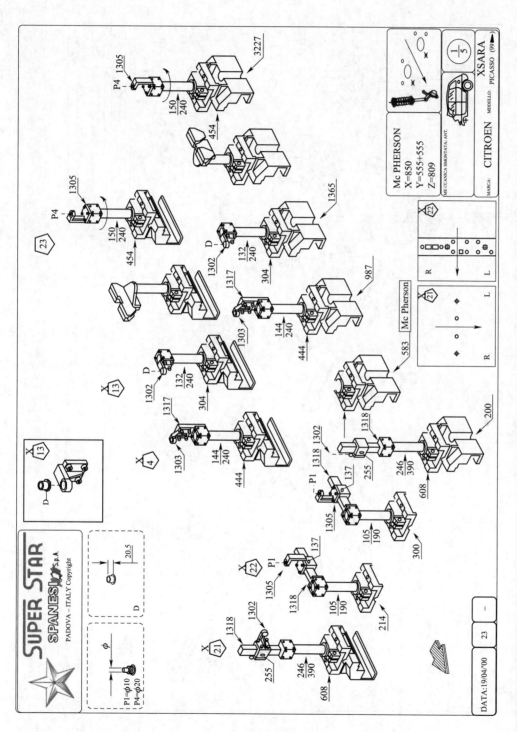

图 9-21 毕加索轿车前部测量点定位夹具安装图

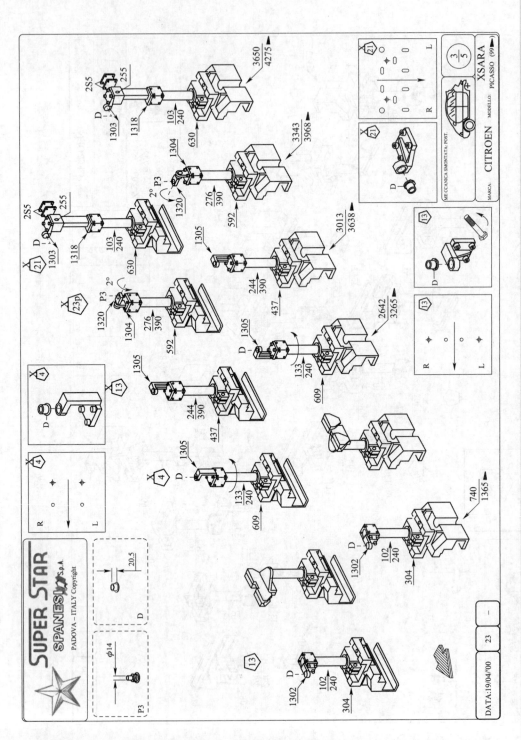

图9-22 毕加索轿车后部测量点定位夹具安装图

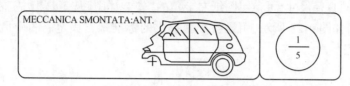

图 9-23 车辆品牌、款型、生产年份

(2)图纸选择。该设备的配套图纸设计为分段标注,根据车身受损部位选择车身前部受损安装图,按照图纸提示进行装配。如图 9-24 所示,用简单明了的图案表示车身受损部位,"1/5"表示该款车型共 5 张装配图,此图纸(前部受损)为其中第一张。

图 9-24 车身受损部位

2 安装测量模块

该车前部碰撞受损,经目测车身中部及车身后部均保持完好,可在车身中部(刚性区)选择至少两对测量点进行安装,恢复车身与测量系统之间的原始定位。图 9-25 所示为车身底盘关键测量点的名称和对应编号,如 13 号、23 号孔位,相当于车身前后零点位置,可按照对应编号在装配图中查找各点需安装测量模块的型号及安装方式,图 9-26 所示为 13 号、23 号测量孔位的标注方式,图标上的"X"表示该点为部件安装点,测量时需拆卸备件。

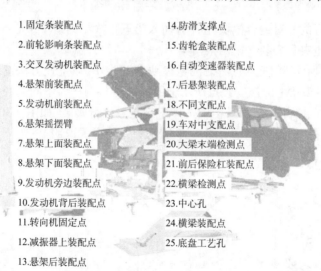

1. 固定条装配点
2. 前轮影响条装配点
3. 交叉发动机装配点
4. 悬架前装配点
5. 发动机前装配点
6. 悬架摇摆臂
7. 悬架上面装配点
8. 悬架下面装配点
9. 发动机旁边装配点
10. 发动机背后装配点
11. 转向机固定点
12. 减振器上装配点
13. 悬架后装配点
14. 防滑支撑点
15. 齿轮盒装配点
16. 自动变速器装配点
17. 后悬架装配点
18. 不同支配点
19. 车对中支配点
20. 大梁末端检测点
21. 前后保险杠装配点
22. 横梁检测点
23. 中心孔
24. 横梁装配点
25. 底盘工艺孔

图 9-25 车身底盘关键测量点的名称和对应编号

该车前部为受损区域,所有图示测量点必须安装检查;其他图纸各测量点可根据实际需要选择安装。

(1) 图 9-27 所示为 23 号点右侧测量模块装配指示，取"240"模块，"240"为立柱型模块，由下方的长圆柱体和上方的正方体组成，圆柱体表面装有尺带，最大量程为 240mm，该测量点设定高度为 150mm；正方体每个面的四角都有一个带螺纹的安装孔，可与其他模块的安装孔相互配合；弧形箭头表示该模块为上部正方体可旋转型立柱。

(2) 如图 9-27 所示，取"1305"模块，按照图示方向安装在"240"模块上，用设备配套提供的标准螺栓固定。

(3) 如图 9-27 所示，取"P4"定位轴，按照图示方向安装在"1305"模块上。"P"型轴类辅助安装零件有不同直径尺寸，可参照图纸左上角的"安装详图"从工具柜中选择正确型号，自下向上进行安装，如图 9-28 所示，用设备配套提供的标准螺钉固定。图中另一型号定位轴"P1"用于 22 号安装点。

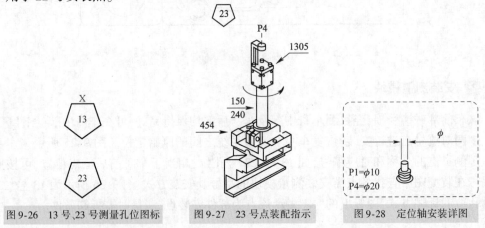

图 9-26　13 号、23 号测量孔位图标　　图 9-27　23 号点装配指示　　图 9-28　定位轴安装详图

(4) 将安装好的一对组合模块(立柱)插入第五根横梁的滑座中心孔。

(5) 将一对主夹具安装在第四根横梁上。

(6) 图 9-29 所示为 13 号点右侧测量模块装配指示，以上述方法组合第 13 号点测量模块，安装到第三根横梁上。该安装点所示辅助安装零件"D"为不同内径尺寸的轴套，可参照图纸左上角的"安装详图"从工具柜中选择正确型号进行安装，如图 9-30 所示。将直径较大的一面向下平放在"1302"模块上，图 9-31 所示为安装方式说明。

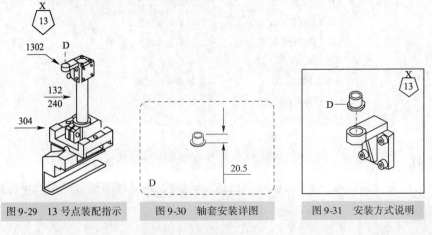

图 9-29　13 号点装配指示　　图 9-30　轴套安装详图　　图 9-31　安装方式说明

3 调整三维数据

（1）沿前后方向移动横梁调整安装点的长度位置，紧固横梁锁紧螺栓至规定力矩。图9-32所示"3227"为23号点的长度数据。

（2）沿左右方向移动滑座调整安装点的宽度位置，紧固滑座锁紧螺栓至规定力矩。图9-32所示"454"为23号点的宽度数据。

（3）将滑座上的立柱锁紧螺栓稍加拧紧，利用齿轮－齿条装置垂直调整组合模块（立柱）高度，紧固立柱锁紧螺栓至规定力矩。图9-32所示"150"为23号点的高度数据。

4 安装车身

（1）与图纸对应的所有安装点的车身部件均已拆卸，将车身校正架移至举升机工位，缓缓降下停放于举升机上的车身，调整车身校正架的位置使测量孔与量头对齐，使23号点对应的P4定位轴落入23号点的安装孔内，安装13号安装点的中心螺栓。

（2）该图纸23号安装点无螺栓连接，又是车身后端最后一个安装点，建议主夹具安装在靠近23号点的位置，确保车身安装稳定。

5 确定变形区域其他安装点的变形矢量

按照流程2~3的方法，组装其他每个安装点的测量模块，观察量头与对应测量孔的接触面，以及量头与测量孔是否对正。当测量模块中心孔与测量孔能够正常安装螺栓，且两者之间没有间隙，说明该安装点没有变形或已经校正复位，否则该测量点存在变形。图9-33所示为21号、22号安装点的具体测量位置说明，箭头指向为车头方向。

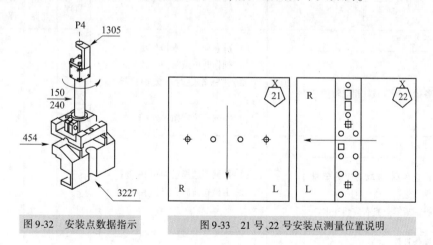

图9-32 安装点数据指示　　图9-33 21号、22号安装点测量位置说明

三、评价与反馈

（1）对本学习任务进行评价，评价内容见表9-1。

项目三 车身测量

实训教学课题卡(九)　　　　　　　　　　　表9-1

专业		班级		学生		学号	
课题号	课题名称	时数	分课题号		分课题名称		时数
9-1	模具量头型车身测量系统使用						
实训内容	车身已通过前后零点与测量系统安装定位。要求学生检索车身图,对指定测量点进行安装测量,确定变形矢量						
教学组织与工位分配	(1)整队进入实训场地; (2)课前、课后点名; (3)按照课题作业防护要求着装; (4)课前强调组织、纪律,教师先进行示范操作,明确相关安全注意事项 工位分配:设立1～2个工位,以小组为单位完成课题任务						
课前准备	工具、设备:模具量头型车身测量校正系统、教学用白车身 材料:与校正系统及车身款型对应的车身数据图						
说明	本课题要求以小组为单位,通过轮换独立操作,巩固相关知识点提高技能;指导教师对学生进行巡视和指导						
考核评分标准		考核办法		操作(　) 答辩(　)		时限	min

序号	操作步骤及技术要求	配分	评分细则	考核记录			
				自评	小组互评	教师评价	小计
1	个人防护 各操作环节做好相应防护	20	(1)没有穿工作服扣5分; (2)操作时不戴防护手套扣5分; (3)进入车底时不戴护目镜扣5分; (4)不戴安全帽扣5分				
2	准备工作 检查车身,选取对应的车身数据图纸; 检查前后零点是否安装正确	20	(1)数据图选择错误扣10分; (2)不检查前后零点扣10分				
3	操作过程 检索图纸,对照指定测量点选择正确型号的测量组件,按照图纸要求进行装配	20	(1)测量头选择错误每个扣5分; (2)装配错误每次扣5分				

汽车钣金维修

续上表

序号	操作步骤及技术要求	配分	评分细则	考核记录			
				自评	小组互评	教师评价	小计
4	确定变形矢量 标注指定测量点三维变形矢量	20	(1)数据错误每次扣5分； (2)方向判断错误每次扣5分,扣完为止				
5	工作态度及劳动纪律	10	(1)工作态度不端正扣5分； (2)违反劳动纪律,此项不得分				
6	安全防范措施,场地清理	10	(1)场地不干净扣5分； (2)有安全隐患,不清理场地扣10分				
总分		100					
教师签名：			年　　月　　日	得分：			

(2)完成本学习任务以后,还有哪些相关问题？

四、学习拓展

(1)模具量头型车身测量系统如何进行车身上部尺寸测量？
(2)使用SPANESI(斯潘内锡)车身测量设备测量车身减振座三维数据。

学习任务十

电子测量系统及使用

学习目标

完成本学习任务后,你应当能:
1. 了解车身电子测量系统的基本种类;
2. 了解不同车身电子测量设备的基本使用方法;
3. 掌握 BANTAM-SHARK 声波式测量设备的使用方法。

 建议完成本学习任务的时间为 28 课时。

 学习任务(情境)描述

　　一辆爱丽舍轿车的左前侧在行驶过程中发生碰撞。经表面检查,该车前部保险杠严重破裂,发动机舱盖及左侧翼子板变形,散热器框架变形;驾驶员主诉车辆碰撞后虽然能够驾驶,但车辆跑偏操控吃力。综合上述现象,怀疑车身前纵梁及减振座均在碰撞中受损变形,需要对车身进行三维测量,确定该车前部结构件是否发生变形,以进一步确定具体维修方案及维修项目。

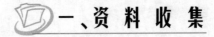

引导问题 1 电子式车身测量设备有哪些基本种类?

　　除去机械式车身三维测量设备以外,部分车身测量设备利用声、光信号完成车身测量,并将测量信息转化为电信号,再利用有线或无线传输技术将电信号传输至计算机进行自动计算和对比,测出的车身数据直接反映在计算机显示屏上。各种电子式车身测量设备的最大优点,是不必调整测量基准(车身和测量设备基准面平行、中心面对齐),使测量工作变得简便、高效,且测量精度更高。

1 二维电子测量设备

BANTAM-ALLVIS 电子测量设备,图 10-1 所示。该设备是类似轨道式量规的测尺,如图 10-2 所示,量规上安装了位移传感器,计算机自动提示测量点位置、测量杆长度和测量头型号。该设备一次只能测量两个测量点之间的高度和距离(长度)数据,不能及时反映车身校正过程中测量点数据的变化,如图 10-3 所示。

图 10-1 BANTAM-ALLVIS 电子测量设备

图 10-2 BANTAM-ALLVIS 测尺

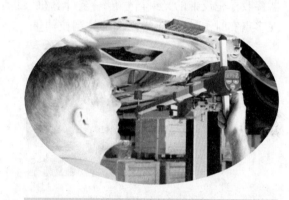

图 10-3 BANTAM-ALLVIS 测量车身底盘

2 自由臂式电子测量设备

CELETTE(使力得)、SPANESI(斯潘内锡)、CAR-O-LINER(卡尔拉得)等车身维修设备生产商均有类似产品。如 CAR-O-LINER(卡尔拉得)自由臂式电子测量设备,图 10-4 所示。设备由轨道、自由臂系统、各型测量头组件和计算机主机组成,图 10-5 所示为安装在轨道上的自由臂系统。使用时,轨道放置于车身下方,自由臂系统置于轨道内可自由滑动,轨道上装有信号带,指示自由臂系统在轨道上的长度位置。选择测量点后,计算机自动提示测量点位置、测量杆和测量头型号,方便测量。自由臂系统包含多个"关节",分别可在水平、垂直方向自由转动,"关节"内安装角度传感器,当测量头与测量点正确接触时按下测量键,各传感器将角度信号无线传输至计算机主机,计算机自动计算测量结果,将三维测量值、变形方向等信息反映在显示屏上。该设备一次只能完成一个点位的测量。

图 10-4 CAR-O-LINER 自由臂式电子测量设备

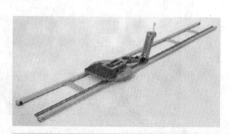

图 10-5 安装在轨道上的自由臂系统

设备设置有拉伸界面可实现单个测量点实时测量。在校正一个测量点的变形时将量头与测量点固定,进入拉伸界面,拉伸过程中测量头随着测量点发生位移,带动各"关节"随之转动,设备能够将该测量点的实时数据反映在显示屏上,便于维修技师控制拉伸量。

3 激光式电子测量设备

激光式电子测量设备包括激光发射接收器、反射标靶和计算机。计算机提示测量点位置和反射标靶型号,按照提示将对应型号的反射标靶悬挂安装在各测量点下方,如图10-6所示。测量时激光发射器不断旋转发射光束投射到反射标靶上,如图10-7所示,激光接收器接收标靶反射的光束信号传输至计算机,自动计算出各测量点的三维数据。该设备可实现多点实时测量,便于维修技师控制拉伸量。

图10-6　车身测量点悬挂多个光标

图10-7　标靶反射面

4 声波式电子测量设备

BANTAM-SHARK声波式测量设备由发射器、铝梁、各型转接器和计算机组成,如图10-8所示。选择测量点后,计算机自动提示测量点位置、转接器型号和组合方式,按照提示将对应型号的转接器安装于车身测量点下方,再依次悬挂安装连接杆和发射器。测量时,铝梁接收发射器发出的声波信号,经连接电缆传输至计算机,自动计算出各测量点的三维数据。该设备可实现多点实时测量,便于维修技师控制拉伸量。

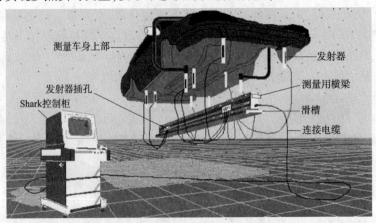
图10-8　BANTAM-SHARK声波式测量设备

二、实 施 作 业

引导问题2　如何使用BANTAM-SHARK声波式测量设备对车身进行测量?

一辆雪佛兰2013款新赛欧轿车前部碰撞受损,以该车为例,演示BANTAM-SHARK声波式测量设备的操作流程如下。

1　准备安装图

(1)进入电脑测量系统欢迎界面,屏幕下方有文字提示,按照提示进行操作选择品牌与车型,如图10-9所示。

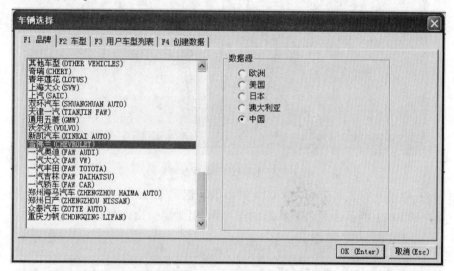

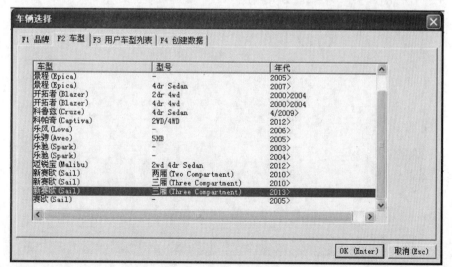

图10-9　选择品牌与车型

常用键功能：F1 继续；F2 帮助；F4 倒转铝梁；F5 放大车身图；F8 返回上一界面；ENTER 下一步。

（2）检索待修车辆的品牌、款型、生产年份等基本信息，键入 F1 进入"准备"界面。按照车身配置，在键盘上键入"Page up"或"Page down"选择有悬架系统或没有悬架系统的车身图。如果车身上仅保留了前部（或后部）悬架，则利用键盘上的"←"或"→"键删除安装图上的部分悬架。保留悬架的测量点显示大写字母，删除悬架的测量点显示小写字母。该车前部碰撞受损，车身中部及车身后部均保持完好，仅拆卸车身前部悬架，选择车身状态如图 10-10 所示。

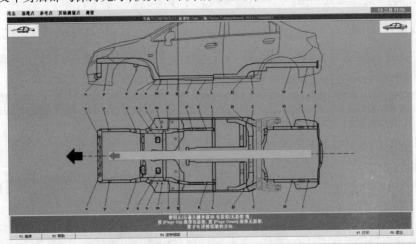

图 10-10　前部悬架拆除状态的车身图

（3）检查铝梁上的方向箭头，键入 F4 键可倒转铝梁，使显示屏上铝梁的箭头与实际方向保持一致。图 10-11 所示为无悬架状态的车身图，铝梁箭头指向车身前方。

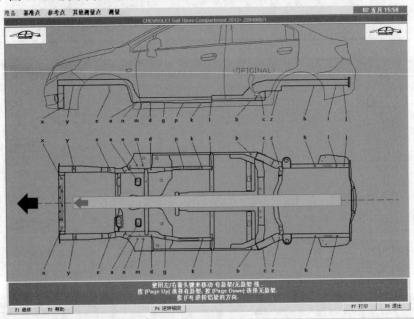

图 10-11　无悬架状态的车身图

2 安装基准点和参考点

基准点和参考点等同于两对"零点",是所有测量点三维数据建立的基础。系统默认基准点为"A"点,参考点为"B"点。

(1)键入 ENTER,系统进入"基准点"界面。键入"A",系统自动提示该点的位置图片及安装配置,如图 10-12 所示,按照提示依次安装 A 点左右两侧转接器。

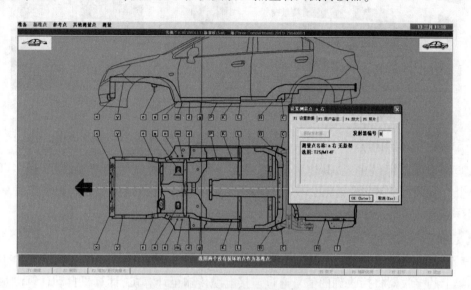

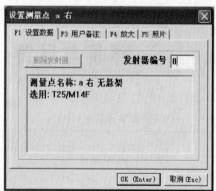

图 10-12 测量点安装提示

(2)按照提示将发射器依次安装在 A 点左右两侧转接器下方,如图 10-13 所示。发射器为磁性连接,能够与转接器、连接杆自然吸合。发射孔应面向铝梁,便于铝梁接收声音信号。

(3)将发射器插头插入铝梁插孔,在计算机上键入插孔编号,如图 10-14 所示。

(4)键入 ENTER,系统进入"参考点"界面,按照上述方法依次安装 B 点左右两侧转接器和发射器。

图 10-13 安装发射器

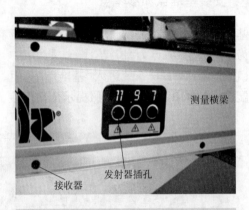

图 10-14 发射器插孔与接收器

3 安装其他测量点

键入 ENTER,系统进入"其他测量点"界面。设备标准配置为 6 个发射器(最多可增配至 12 个),安装完两对"零点"后,一次只能测量另外两个测量点的数据。观察车身变形状况,选择需要测量的点位,按照上述方法进行安装。

4 确定测量点的变形矢量

键入 F1,系统开始测量。测量时,发射器上下两个发射孔产生高压电火花发出声音信号,铝梁上的接收器将接收到的信号通过连接电缆传输至计算机,计算机自动计算测量点的三维数据,将测量点的标准三维数据、实测三维数据、变形量等信息反映在显示屏上。

(1)对本学习任务进行评价,评价内容见表 10-1。

实训教学课题卡(十) 表 10-1

专业		班级		学生		学号	
课题号	课题名称	时数	分课题号		分课题名称		时数
10-1	电子测量系统使用						
实训内容	车身已与校正平台安装定位,要求学生操作测量系统,对指定测量点进行安装测量,确定前纵梁指定测量点的拉伸方向							
教学组织 与工位分配	(1)整队进入实训场地; (2)课前、课后点名; (3)按照课题作业防护要求着装; (4)课前强调组织、纪律,教师先进行示范操作,明确相关安全注意事项 工位分配:设立 1~2 个工位,以小组为单位完成课题任务							
课前准备	工具、设备:BANTAM-SHARK 声波式电子测量系统、车身校正平台、教学用白车身 材料:无							

续上表

说明		本课题要求以小组为单位,通过轮换独立操作,巩固相关知识点提高技能;指导教师对学生进行巡视和指导					
考核评分标准				考核办法	操作( ) 答辩( )	时限	min
序号	操作步骤及技术要求		配分	评分细则	考核记录		
					自评	小组互评	教师评价	小计
1	个人防护		20	(1)没有穿工作服扣5分; (2)操作时不戴防护手套扣5分; (3)进入车底时不戴护目镜扣5分; (4)不戴安全帽扣5分				
	各操作环节做好相应防护							
2	准备工作		20	(1)车身品牌、款型错误扣10分; (2)不检查主夹具扣10分				
	确定车身品牌、款型;检查主夹具是否妥善固定							
3	操作过程		30	(1)测量头选择错误每个扣5分; (2)装配错误每次扣5分				
	检索车身图,对照指定测量点选择正确型号的测量组件,按照图示要求进行装配							
4	确定变形矢量		10	拉伸方向判断错误不得分				
	标注指定测量点三维变形矢量,判断前纵梁的拉伸校正方向							
5	工作态度及劳动纪律		10	(1)工作态度不端正扣5分; (2)违反劳动纪律,此项不得分				
6	安全防范措施,场地清理		10	(1)场地不干净扣5分; (2)有安全隐患,不清理场地扣10分				
总分			100					
教师签名:				年 月 日	得分:			

(2)完成本学习任务以后,还有哪些相关问题?

四、学习拓展

(1)使用BANTAM-ALLVIS电子测量设备对车身底盘尺寸进行测量。
(2)使用自由臂式电子测量设备对车身底盘尺寸进行测量。

项目四 车身结构校正

学习任务十一 车身结构损伤分析

学习目标

完成本学习任务后,你应当能:
1. 熟悉钢质车身结构件修复的基本工艺流程;
2. 结合目测结果及测量数据正确分析变形区;
3. 根据基本维修要求确定大致的维修项目。

 建议完成本学习任务的时间为 6 课时。

 学习任务(情境)描述

一辆爱丽舍轿车的左前侧在行驶过程中发生碰撞。经表面检查,该车前部保险杠严重破裂,发动机舱盖及左侧翼子板变形,散热器框架变形;驾驶员主诉车辆碰撞后虽然能够驾驶,但车辆跑偏操控吃力。经过对车身进行三维测量,获得了该车各关键测量点的三维数据,需要通过测量数据确定该车前部结构件的变形范围、变形程度及变形顺序,进一步确定具体维修方案及维修项目。

一、资料收集

引导问题1 车身结构校正的基本作业流程是怎样的?

结构件是车身的基础,特别是对于承载式车身来说,结构件是承载式车身的主要组成部分,也是其他所有部件的安装基础,还是车辆安全性能的重要衡量指标和有力保障。简单来说,修复后的车身,必须恢复其设计的强度性能,使其有能力抵御下一次撞击。

车身结构件的维修重点包括恢复车身尺寸及强度状态,修复车身结构件与修复车身覆盖件,车身结构件变形以后,也要根据变形部位、变形程度及影响范围来确定如何进行维修。对于钢质车身来说,不太严重的变形通常采用校正的方法来维修,如果变形程度比较严重,甚至是特殊材料制造的板件,则只允许采取更换的方法进行维修。除此之外,由于结构件需要承担更多的承载作用,所以还需要充分考虑其材料特性,在不影响整体强度性能的前提下,适当衡量工作效率,尽量维护其结构的完整性及原始防腐性能。图11-1所示为车身结构件变形损伤的基本维修工艺流程。

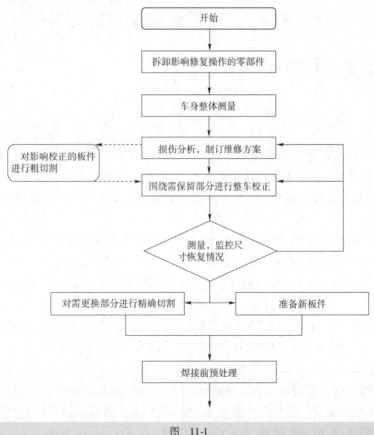

图 11-1

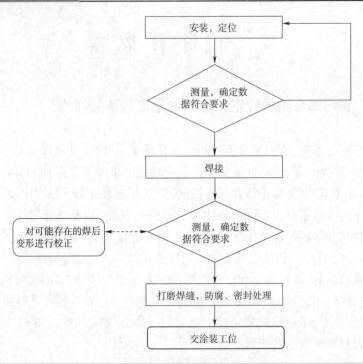

图 11-1 车身结构件变形损伤的修复工艺流程

引导问题 2　如何进行车身损伤检查?

1 目测

目测的目的是大致评估损伤范围,与车身测量数据形成互为补充的关系,都可以作为确定车身维修具体作业项目的依据,通常在车身三维测量之前完成。如图 11-2 所示,从碰撞点开始,围绕车身进行整体观察,检查车身受损状况以及各覆盖件之间的配合间隙和平面度,并逐一记录。

车身是整体刚性结构,任何部位受力,外力都会沿着坚固板件不断传递,直至被车身的变形和破坏全部吸收,通常以圆锥法则来描述外力在车身结构上的扩散,如图 11-3 所示,直接碰撞点为锥顶,自锥顶处受力后,外力会沿着车身板件不断向周边扩散,影响范围越来越大,但影响程度会逐渐降低。检查车身损伤时,需按照此规律从直接受力点开始一处一处全面检查。

(1)大多数情况下,碰撞部位能够显示出结构变形或者断裂的迹象,从碰撞的位置估计汽车受损尺寸的大小和方向,判断碰撞如何扩散并造成其他部位损伤。

(2)适当在离车身较远处,整体观察汽车是否有扭转、弯曲变形,确定损伤位置及车身上所有变形是否都由同一处碰撞引起。碰撞力沿着车身扩散并使许多部位发生变形,按顺序一一检查,确认变形情况。车身某些部位被设计得比较坚固,有时碰撞力会穿过该部位,损坏另一端的薄弱部位,而后扩散深入至车身部件内。

图 11-2　围绕车身进行整体观察

（3）检查车身每一部位的间隙和配合。对于较轻微的碰撞，可通过目测碰撞部位及附近的覆盖件的变形量及相关间隙的变化来确定维修范围。车门是以铰链装在车身立柱上的，可以通过检查开关门时是否顺畅及观察门上的线条是否准直，间隙是否改变来确定车身立柱是否受损。

（4）若发现变形较严重，离碰撞部位较远处也有变形，间隙改变或车门开关不顺畅等，就必须用卷尺、轨道式量规检查各相关部件。当汽车受到碰撞时，一些沉重的部件如发动机、后悬架等，其惯性会转化成巨大的作用力，使其向相反的方向移动而发生冲击，产生损伤，如图 11-4 所示，这就需要对固定件周围部件及车身面板进行全方位检查。

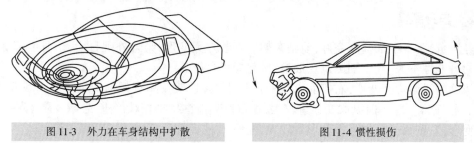

图 11-3　外力在车身结构中扩散　　　　图 11-4　惯性损伤

对于比较严重的碰撞以及外观已经明显扭曲的车身，可能还需要用举升机将车身顶起，检查车身底盘。车身结构由若干不同形状、不同厚薄、不同强度的板件彼此连接形成的整体，由于板厚和材料强度的差异，以及各连接点、转折点均有应力集中，当车身任何方位受到撞击，外力在传递的过程中都会对车身结构产生影响，特别会在这些板件连接点和转折点留下痕迹，包括变形、焊点开裂、漆膜开裂、缝隙变大、密封胶开裂等。如某些板件在受力的瞬间产生了弹性变形，外力穿过弹性变形区后变形恢复，但处于夹层板件处的焊点可能会留下变形痕迹,附着在表面的漆膜和密封胶也可能会产生细微裂纹。这些事例提醒车身维修技师在确定车身损伤的时候应全面检查。适当了解车辆的装载状况及碰撞条件,对车身损伤分析也有一定帮助。

该车左前碰撞,经表面检查:前保险杠左侧大面积损毁;左侧前照灯损毁;发动机舱盖中部向上拱起,变形量较大。右侧各车门完好;右后翼子板-右后车门-右前车门-右前翼子板配合间隙及平面度均正常;右前翼子板-右前照灯-前保险杠有轻微变形。左侧各车门表面基本完好;左后翼子板-左后车门配合间隙及平面度正常;左后车门-左前车门之间缝隙上小下大,前门后端有轻微下垂;左前车门-左前翼子板轻微剐蹭,A柱-左前车门上端缝隙略有增大;左前翼子板变形较严重。车顶基本完好,全车玻璃均保持完好。

2 车辆准备

拆卸车身前部保险杠、翼子板、发动机舱盖等影响操作的零部件,暴露出可能在碰撞中受损的内部部件,某些部件的拆卸可能与目检环节交替进行。发动机、变速器、悬架系统、电气设备及相关线束由机电维修组拆卸。将车身安装到校正平台的中心位置,用4个主夹具夹紧车身中部裙边,如图11-5和图11-6所示。安装以后,使车身与平台大致平行。

图11-5 夹持车底裙边

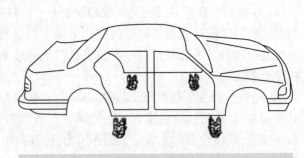
图11-6 四点固定

3 车身测量

经测量,车身中部基本完好,前副车架后安装点无变形;结合外观目检,车身后部受碰撞影响的可能性不大,经个别测量点抽检,排除变形可能。

两侧前纵梁均有变形,右侧前纵梁变形量不大,悬架及副车架前安装点均有少量变形;右侧A柱正常。左侧前纵梁变形量较大,连带散热器框架损伤较严重;悬架及副车架安装点均有变形;左侧翼子板加强板变形量较大,左侧A柱少许后移,导致左前车门下垂。

二、实 施 作 业

引导问题3 如何进行车身损伤分析?

结合目检及三维测量数据分析,该车左前碰撞,外力在破坏保险杠、前照灯等直接接触点后继续向后传递,前部防撞梁损伤吸收了部分冲击力后,剩余外力使左侧纵梁向上向左产生了较大的弯曲变形,纵梁吸能区严重褶皱溃缩,减振座整体向上顶起,测量点数据失准。因两侧前纵梁并不是独立存在的,连接在两侧纵梁之间的防撞梁、散热器框架及副车架等部件,将作用在车身左侧的外力传递至车身右侧,使右侧前纵梁向内弯曲,纵梁中部内侧产生轻微褶皱,同时减振座整体向上顶起,测量点数据轻微失准。

车身中部刚性区在碰撞中受到一定影响,表现在底盘和车身立柱两个方面。车身左侧直接受力,左前纵梁、挡泥板及减振座损伤较重,连带左侧A柱后移,左前车门在A柱有上下两个安装点,前车门上铰链产生了向后的位移,导致左前车门后端下垂及门框上方与A柱的配合间隙增大。因后翼子板与车身结构以焊接的方式连成整体,后车门安装在B柱上,检查左后门、左后翼子板、行李舱盖等相关部件,其配合间隙及平面度均保持完好,可以判断左侧B柱向后部分未受到撞击影响。

综合上述分析,左侧纵梁及翼子板加强板因严重变形,建议更换;两侧减振座及右侧纵梁无严重褶皱未超出校正修复标准,建议修复;左侧A柱后移,使A柱向车顶上方顶起,建议在校正左侧减振座同时处理;车顶板受A柱变形影响但并无明显变形折痕,疑似存在少量弹性变形,通常会伴随A柱一起复原,但不能排除在后期维修过程中产生人为损伤;车身前风窗玻璃为夹层玻璃,虽未在碰撞中受损,但考虑拉伸A柱及左侧减振过程中可能会有损伤,建议拆卸;仪表台及地毯影响纵梁更换,需拆除。上述项目及相关耗材均需考虑纳入维修项目。

三、评价与反馈

(1)对本学习任务进行评价,评价内容见表11-1。

实训教学课题卡(十一) 表11-1

专业		班级		学生		学号	
课题号	课题名称	时数	分课题号		分课题名称		时数
11-1	车身结构损伤分析						
实训内容	观察一辆结构损伤的事故车,检查记录其外观损伤,按照检查结果分析车身大致损伤范围及损伤程度,为制订维修方案做准备							
教学组织与工位分配	(1)整队进入实训场地; (2)课前、课后点名; (3)按照课题作业防护要求着装; (4)课前强调组织、纪律及安全注意事项 工位分配:设立1~2个工位,以小组为单位轮换完成课题任务							
课前准备	工具、设备:非承载式车身整备车(或事故车图片) 材料:无							
说明	本课题要求以小组为单位,通过观察、分析、讨论,巩固相关知识点;指导教师对学生进行巡视和指导;可适当安排小组讨论与集中展示,培养团队协作能力及语言表达能力							

续上表

序号	操作步骤及技术要求	配分	评分细则	考核记录			
				自评	小组互评	教师评价	小计
1	准备工作 穿好工作服;戴防护手套	10	(1)没有穿工作服扣5分; (2)操作时不戴防护手套扣5分				
2	安全规范 遵守相关指令,不做无关操作	20	(1)操作时不遵守相关指令每次扣5分; (2)产生安全隐患酌情扣除10~20分				
3	操作过程 积极参与小组活动	20	不积极主动参与小组活动每次扣5分				
4	质量检验 分析结果全面合理	30	每遗漏一处扣5分				
5	工作态度及劳动纪律	10	(1)工作态度不端正扣5分; (2)违反劳动纪律,此项不得分				
6	场地清理	10	(1)场地不干净扣5分; (2)不清理场地扣10分				
总分		100					
教师签名:			年　月　日	得分:			

考核评分标准　　考核办法　　操作( ) 答辩( )　　时限　　min

(2)完成本学习任务以后,还有哪些相关问题?

四、学习拓展

(1)车身结构损伤与其他哪些工种有关联性?
(2)在检查车身损伤过程中发现非钣金件损伤,如何处理?

学习任务十二

维修方案制订

学习目标

完成本学习任务后,你应当能:
1. 根据损伤分析结果确定车身钣金维修具体作业项目;
2. 根据损伤分析结果制订车身钣金维修技术方案。

 建议完成本学习任务的时间为6课时。

 学习任务(情境)描述

一辆爱丽舍轿车的左前侧在行驶过程中发生碰撞。经表面检查及三维测量,获得了该车各关键测量点的三维数据,现需要通过测量数据确定该车前部结构件的变形范围、变形程度及变形顺序,并根据车身结构、材料特性确定具体维修项目及维修技术方案。

一、资料收集

客户携碰撞车到店后,其根本目的就是维修车辆,很多内在损伤仅从表面是看不出来的,这就需要专业人员进行深入的检查和损伤评估。从行业(技术)分工的角度来说,业务接待员根据外观检查大致确定车辆的损伤状况,并提出进一步的检查方案,客户确定后交由各工种维修技师进行必要的拆卸和深入检查;不同工种的维修技师对车辆进行全面检查后,从各自专业技术的角度给予维修建议,包括哪些损伤可以维修,哪些部件必须更换,以及维修难度和作业周期等;业务接待员收到各工种维修技师反馈的维修建议后,结合仓库的材料库存及物流周期、企业当前的业务总量、保险公司的赔付情况等信息,与客户协商确定车辆最终的维修项目和维修时间。

引导问题1 如何确定维修项目?

及时、准确地确定维修项目有助于正确拟订材料计划,避免因材料缺失延误工期,也能避免少报漏报引起后期结算纠纷,而多报的材料可能长期用不出去,导致仓库形成呆死库存提高经营成本。本环节从钣金维修的角度,针对目标车辆罗列主要维修项目如下:

(1) 更换发动机舱盖、左前照灯、左前翼子板、前保险杠及相关附件。
(2) 更换左前纵梁及左侧翼子板加强板,修复左侧减振座及A柱。
(3) 目测车顶可能有弹性变形,预留维修及涂装作业项。
(4) 修复右前纵梁、左侧翼子板加强板及右侧减振座。
(5) 更换散热器框架。
(6) 更换前部防撞梁。
(7) 为避免前风窗玻璃在维修过程中破裂,需增加拆装前风窗玻璃作业项及相关耗材。
(8) 拆装仪表台、座椅及车厢地毯。
(9) 相关维修区域防腐密封、隔音降噪作业及耗材。

二、实 施 作 业

引导问题2 如何制订维修方案?

对车身进行全面检查后,确定具体维修项目可能并不难,而制订车身维修方案则是根据各车身部件维修分项的实际难度和相互之间的关联性,确定正确合理的施工程序,是针对目标维修任务的技术方案。不恰当的维修方案会使修复工作难度增大、工期延长,甚至会导致受损板件越修越差直至报废。系统地制订维修方案,不仅有助于提高维修工作效率,是快速有效完成车身维修的基础,还能帮助维修技师避免维修过程中产生流程性的人为损伤,需要车身维修技师具备相关的车身材料知识、车身结构知识以及足够的实际维修经验,是车身维修技师个人综合技术水平的体现。

车身结构复杂,为了平衡车身的刚性、强度和缓冲吸能要求,不同区域使用的材料也不尽相同。各区域的防撞梁,如果产生细微变形不影响安装配合和正常使用,根本不必维修;反之,则必须进行更换。车身中部为刚性区,通常使用高刚性的材料,一方面,这类材料非常坚硬,采用常规的加工方法难以处理;另一方面,过多的敲打和加热又会降低材料自身的性能。因此,对于车身中部结构件的明显变形,通常采用更换的方式维修。车身前后纵梁等箱型结构件,通常使用高强度材料,通过吸能设计,这些部位往往在碰撞中因整体弯曲而产生褶皱,综合考虑材料强度和维修难度,一般采取90°原则进行判断,既变形区任何褶皱的夹角超过90°就不再予以修复。

修复车身结构件变形时,建议查阅维修手册,了解材料性能特征及维修要求,任何改变车身结构强度的后果,可能不是立即就能显现出来,而一旦显现则可能会导致严重后果。

现结合目标车辆的检查结果及上述主要维修项目,制订车身维修方案如下:

(1) 拆卸前保险杠、发动机舱盖、两侧前照灯、两侧前翼子板等部件,便于后期维修作业的进行,也便于机电维修人员拆卸发动机、变速器及悬架系统。

(2)拆卸仪表台及前排座椅,前排地毯掀起,便于左侧前纵梁切割、焊接及防腐作业。

(3)拆卸前风窗玻璃,避免在修复A柱及减振座期间,大力拉伸及敲打造成玻璃破裂。

(4)拆卸连接在两侧前纵梁之间的散热器框架,该车型散热器框架为金属制件,以电阻点焊的形式连接在两侧前纵梁上,因变形量较大且成本不高已确定更换,提前拆除可以让两侧前纵梁的维修作业变得简便。

(5)校正右侧减振座及前纵梁,自内向外分别关注各测量点尺寸复位情况(先进后出),做好辅助定位工作,避免人为损伤。

(6)以左侧前纵梁作为拉伸固定点,校正左侧减振座,同时关注左侧A柱及左前车门的复位,必要时可对妨碍拉伸的左前纵梁进行粗切割。

(7)左侧A柱及减振座复位后,做好辅助定位工作。

(8)准备左侧前纵梁新备件,对车身左侧前纵梁及新备件进行精确切割。

(9)更换件定位,测量检查,相关覆盖件装合。

(10)更换件及车身焊前防腐处理。

(11)焊接。

(12)全面装合检查,测量检查。

(13)修复区防腐、密封处理。

(14)拆卸装合件,交涂装工位。

(15)后期隔音减振处理。

(16)安装调整工作。

三、评价与反馈

(1)对本学习任务进行评价,评价内容见表12-1。

实训教学课题卡(十二)　　　　　　　　　　　　　　　表12-1

专业			班级		学生		学号	
课题号	课题名称		时数	分课题号		分课题名称		时数
12-1	维修方案制订							
实训内容	按照学习任务十一的分析结果,制订维修方案,并罗列材料清单							
教学组织与工位分配	(1)整队进入实训场地; (2)课前、课后点名; (3)按照课题作业防护要求着装; (4)课前强调组织、纪律及安全注意事项 工位分配:设立1~2个工位,以小组为单位轮换完成课题任务。							
课前准备	工具、设备:非承载式车身整备车(或事故车图片) 材料:无							

项目四　车身结构校正

续上表

说明	本课题要求以小组为单位,通过观察、分析、讨论,巩固相关知识点;指导教师对学生进行巡视和指导;可适当安排小组讨论与集中展示,培养团队协作能力及语言表达能力						
考核评分标准			考核办法	操作（　） 答辩（　）	时限		min
序号	操作步骤及技术要求	配分	评分细则	考核记录			
				自评	小组互评	教师评价	小计
1	准备工作 穿好工作服;戴防护手套	10	(1)没有穿工作服扣5分; (2)操作时不戴防护手套扣5分				
2	安全规范 遵守相关指令,不做无关操作	20	(1)操作时不遵守相关指令每次扣5分; (2)产生安全隐患酌情扣除10~20分				
3	操作过程 积极参与小组活动	10	不积极主动参与小组活动每次扣5分				
4	质量检验 维修方案全面合理,材料清单无遗漏	40	(1)每遗漏一处扣5分; (2)流程错误一处扣10分				
5	工作态度及劳动纪律	10	(1)工作态度不端正,扣5分 (2)违反劳动纪律,此项不得分				
6	场地清理	10	(1)场地不干净扣5分; (2)不清理场地扣10分				
总分		100					
教师签名:				年　　月　　日		得分:	

(2)完成本学习任务以后,还有哪些相关问题？

四、学习拓展

(1)观察车身结构,明确车身结构的构建顺序是怎样的,对车身结构维修及更换有什么影响？

(2)通过网站查询或实地考察,了解同一款车上所有零部件都是一样的吗？

学习任务十三

车身校正设备使用

学习目标

完成本学习任务后,你应当能:
1. 熟悉各种车身校正设备的基本分类及结构特点;
2. 掌握各种车身校正设备的正确使用方法;
3. 掌握各种车身校正设备的基本维护要求。

 建议完成本学习任务的时间为 12 课时。

 学习任务(情境)描述

车身结构复杂,车辆的碰撞也可能发生在各种不同的方位,维修时也就需要能产生各种不同效果的工具和设备,来解决不同部位产生的不同问题。合理使用各种车身校正设备,能有效提高维修工作效率,也是获得良好维修质量的有力保障。

一、资料收集

引导问题 1 常用车身校正设备有哪些?

1 螺纹顶杆

常用于门框结构变形的拉伸和顶撑,由套管、螺杆和钳口组成,结构简单,使用方便,如图 13-1 所示。

套管两端加工有内螺纹,一端为左旋螺纹,另一端为右旋螺纹;配两根螺杆,一根为左旋螺纹,另一根为右旋螺纹,分别旋入套管两端;螺杆外端分别连接一个宽钳口,由两根螺栓调节钳口松紧。该设备特别适用于车身立柱和门框的维修,使用时将两端钳口分别安装紧固在立柱凸缘上,可实现门框尺寸的辅助固定;旋转套管,安装于套管两端的螺杆同时向内收紧或向外扩张,可实现立柱(门框)尺寸的拉伸或顶撑,如图13-1所示。

2 组合液压设备

常用于变形结构的顶撑,由手动液压泵、液压顶、各种不同长度的加长杆和不同形式的连接头组成,可以与车身校正平台配备的拉伸链条配合使用,如图13-2所示。有些设备套装还提供鳄咀扩张器,用于狭窄部位的扩张顶撑,如图13-3所示。

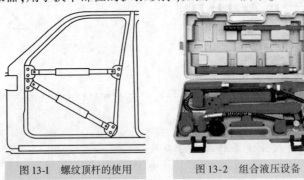

图13-1 螺纹顶杆的使用　　图13-2 组合液压设备

3 倒拉液压设备

倒拉液压设备又称倒拉油缸,其外形与一般的液压顶类似,配合手动液压泵使用。与液压顶的不同之处在于倒拉液压设备的柱塞处于缸体之外,当液压油泵入油缸时,柱塞回收至缸体形成拉伸力,如图13-4所示。设备两端可安装宽钳口(同螺纹顶杆),可固定类似于门框的凸缘结构,常用于变形结构的拉伸。

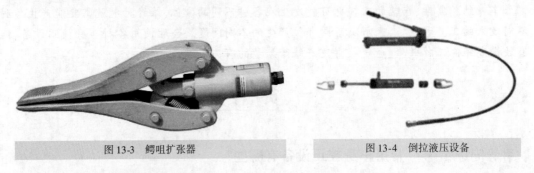

图13-3 鳄咀扩张器　　图13-4 倒拉液压设备

4 地框式车身校正设备

用于车身结构变形的校正,俗称"地八卦",由角钢或槽钢按照一定尺寸组合成的框架结构,预埋于混凝土地面中,如图13-5所示。地框式车身校正设备结构简单,制作成本低,不占用空间,易操作,适用于各类车型的轻微损伤修复。使用时用四个主夹具固定车身裙边,如图13-6所示;与各种活动式拉塔柱及组合液压设备配合使用。图13-7所示为各种液压校正设备的锚定装置。

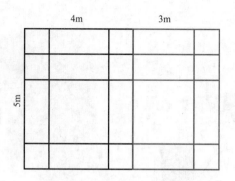

图 13-5　地框结构

图 13-6　车身主夹具　　　　　图 13-7　校正设备锚定装置

5　平台式车身校正设备

车身校正设备应具备固定车身和提供全方位拉伸这两个基本功能。传统的车身维修方法是将车身损坏部位用较粗的绳索或铁链连接到固定物体上，收紧链条或将车向相反的方向开动进行牵拉。采用这种方法时，车身由车轮支撑，车身悬架系统的伸缩性使车身在拉伸时不稳固；拉力较大时，轮胎与地面的摩擦力较小使车身不易固定位置；拉伸方向不易调整；地面不平，不易进行全方位三维测量。

（1）平台式车身校正系统的基本特点：

①平台在制造过程中经过平面校准、可作为水平基准面，便于校正前对车身进行三维测量。

②平台可单边升降或整体平行升降，使平台的一端或两端贴近地面，配合上车板使用，方便车身上下平台。

③拉塔柱可围绕平台360°旋转，并能固定在平台任何方位，对车身进行全方位拉伸。

④配置多种夹具，拉钩等，能有效固定车身，方便维修操作。

⑤配套车身数据，为车身修复提供测量依据。

⑥有些校正系统配有二次举升系统，能抬高车身便于夹具安装。

图 13-8 所示为奔腾 B2E 型平台式车身校正设备，该型设备配置一个动力中心，如图 13-9 所示，内置一台电动齿轮泵，转换控制阀门可实现平台整体平行升降和塔柱拉伸，便于车身上下校正平台，图 13-10 所示为平台液压升降系统。

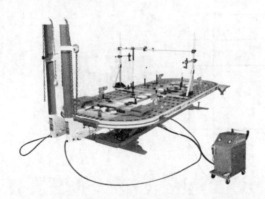
图 13-8　平台式车身校正设备

图 13-9　动力中心

图 13-10　平台液压升降系统

(2)车身固定系统。平台式校正设备一般配有 4 套夹具,用于固定车身底部裙边,是车身在校正平台上的安装固定基础,图 13-11 所示为不同型号的车身主夹具。夹具高度可通过螺纹调整,便于测量及维修操作。图 13-12 所示为特定型号的车身主夹具,如奔驰、宝马车身没有裙边结构,而是以插销的形式对车身特定部位进行定位的。

图 13-11　不同型号的车身主夹具

（3）拉伸塔柱。拉伸塔柱可固定在平台的任何方位，用链条及各种拉伸夹具连接车身，对车身校正提供拉伸力。塔柱为中空结构，中间有液压缸，液压缸上方是活动顶杆，使用时通过液压泵将液压油压入液压缸，液压缸上行顶起活动顶杆，带动固定在活动顶杆上的链条，链条经过固定在塔柱上的导向环调整拉伸高度，可对车身进行全方位拉伸，如图13-13所示。平台校正系统标准配备两套拉伸塔柱（可选配更多），便于实现多方位组合拉伸。

图13-12 特定型号车身主夹具

图13-13 拉伸塔柱

引导问题2　　车身校正台架辅助设备有什么作用？

车辆发生碰撞会产生各种部件的缺损，如果车辆还能行驶，可以将车辆直接驶上校正平台，如果车辆在碰撞中动力受损或车轮缺失，就需要采取其他方式将车身转移至校正平台上进行维修。车身校正台架通常配备各种辅助设备，专门用于解决上述问题，如图13-14所示。

1 小滑车与车轮支架

当车轮在碰撞中受损，车身不能正常移动，可将小滑车放置于受损车轮下方，如图13-15所示，滑车下的滚轮可替代轮胎在地面正常滚动。

图13-14 校正平台辅助设备

图13-15 小滑车

当轮胎和轮毂都受损时，可将车轮支架安装在制动盘（制动鼓）上，如图13-16所示。将小滑车放置于车轮支架下方,如图 13-17 所示,调节车轮支架的安装高度,让 4 个车轮处于同一平面,便于车辆移动。

图 13-16　安装车轮支架

图 13-17　小滑车放置于车轮支架下方

2 拉伸组件

车身校正台架通常会配备若干不同类型的拉伸组件,便于不同变形部位的固定与拉伸操作。

(1) 钳口型,如图 13-18 所示。

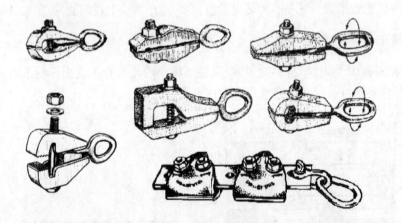

图 13-18　钳口型拉伸组件

(2) 拉钩型,如图 13-19 所示。

(3) 链条型,如图 13-20 所示。

(4) 尼龙拉带,如图 13-21 所示。

(5) 特殊夹具,如图 13-22 所示。

(6) 链条连接器,如图 13-23 所示。

图 13-19　拉钩型拉伸组件

图 13-20　链条型拉伸组件

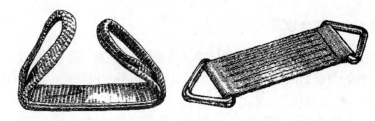

图 13-21　尼龙拉带

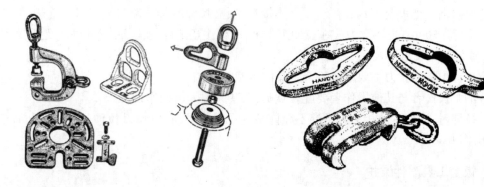

图 13-22　特殊夹具　　　　图 13-23　链条连接器

二、实施作业

引导问题3 使用拉伸校正设备时有哪些基础安全事项?

1 平台起降安全事项

(1)起降平台时,塔柱固定在平台另一端,防止滑动。
(2)起降平台时,汽车变速杆置于驻车挡,车轮用三角木垫好;车后禁止站人。
(3)平台下及周边不要堆放杂物,油管、气管、气动泵整理好,防止挤压。
(4)对于倾斜式平台,升起后,确保活动腿挡销锁死。
(5)对于垂直升降的平台,在升降时,要仔细观察塔柱的状态,确保塔柱底部不要压或卡住吊装底座。

2 车辆固定安全事项

(1)主夹具组件夹紧前,应检查、清理钳口,去除油污杂物。
(2)检查夹具各部位是否有变形、裂纹,如有损伤应及时更换,禁止带伤使用。
(3)主夹具固定螺栓、钳口紧固螺栓要完全拧紧,避免车身在大力拉伸过程中翻倾。

3 拉伸操作中的安全事项

(1)移动塔柱前检查塔柱滚动滑轮固定螺栓是否松动、断裂,及时拧紧或更换;用推的动作移动塔柱;拉伸前,塔柱紧固螺栓要完全拧紧,以免损坏平台内轨道;不允许用塔柱做反向拉伸,以免平台的外轨道损坏。
(2)钣金工具夹紧前检查、清理钳口,去除油污杂物;紧固螺栓充分拧紧。
(3)检查链条,所有链节禁止扭曲,确保链条在顶杆上端锁死;当链条开始受力时旋松导向环手轮。
(4)保险钢绳把钣金工具、链条、车身连接在一起,拉伸时禁止敲打链条及钣金工具,链条上最好覆盖保护毯;把注意力放在拉伸工件上,时刻注意工件变化,防止过拉伸及撕裂、撕开工件,致使夹头飞出伤人。
(5)拉伸中注意拉力不要超过钣金工具的承载能力。
(6)油泵操作者与其他操作者要配合默契,严禁无关人员操作设备。
(7)拉伸时,操作者及相关人员绝不允许站立在塔柱后面,以免过拉伸、工件撕裂,致使夹头飞出伤人。

4 钣金工具附件维护

(1)钣金工具夹头啮齿应保持干净,无油污杂物。

(2)不要敲击钣金工具及链条。

(3)仔细检查钣金工具及螺栓是否有裂纹或螺纹损坏,如有损坏及时更换。

(4)钣金工具不要接触腐蚀性液体,防止产生锈蚀。

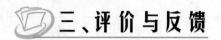 三、评价与反馈

(1)对本学习任务进行评价,评价内容见表13-1。

实训教学课题卡(十三)　　　　　　　　　　　　　　　表13-1

专业		班级		学生		学号	
课题号	课题名称	时数	分课题号		分课题名称		时数
13-1	车身校正设备使用						
实训内容	实际操作平台升降,模拟操作车身上下平台、拆装,完成塔柱移动、固定等拉伸前的准备工作							
教学组织与工位分配	(1)整队进入实训场地; (2)课前、课后点名; (3)按照课题作业防护要求着装; (4)课前强调组织、纪律及安全注意事项 工位分配:设立1~2个工位,以小组为单位轮换完成课题任务							
课前准备	工具、设备:平台式车身校正设备、白车身 材料:无							
说明	本课题要求以小组为单位,通过实际操作、分析、讨论,巩固相关知识点;指导教师对学生进行巡视和指导;可适当安排小组讨论与集中展示,培养团队协作能力及语言表达能力							
	考核评分标准		考核办法		操作( ) 答辩( )	时限	min

序号	操作步骤及技术要求	配分	评分细则	考核记录		
				自评	小组互评	教师评价	小计
1	准备工作 穿好工作服;戴防护手套	10	(1)没有穿工作服扣5分; (2)操作时不戴防护手套扣5分				
2	安全规范 使用前检查设备;遵守相关指令,不做无关操作	20	(1)操作时不遵守相关指令每次扣5分; (2)不按照作业规范检查设备每次扣除5分				

续上表

序号	操作步骤及技术要求		配分	评分细则	考核记录			
					自评	小组互评	教师评价	小计
3	操作过程	积极参与小组活动	10	不积极主动参与小组活动每次扣5分				
4	设备使用	能够根据操作规范正确使用设备,完成指定任务	40	(1)使用方法不正确每处扣5分; (2)流程错误一处扣10分				
5	工作态度及劳动纪律		10	(1)工作态度不端正扣5分; (2)违反劳动纪律,此项不得分				
6	场地清理		10	(1)场地不干净扣5分; (2)不清理场地扣10分				
总分			100					
教师签名:				年　　月　　日		得分:		

(2)完成本学习任务以后,还有哪些相关问题?

四、学习拓展

(1)查阅资料,液压动力设备的维护要求有哪些?

(2)平台式车身校正设备的动力输入形式有哪几种?分别如何使用?

学习任务十四

车身前纵梁变形校正

学习目标

完成本学习任务后,你应当能:
1. 掌握车身结构校正的基本原则;
2. 掌握车身校正平台的正确操作方法;
3. 熟练控制车身结构件的拉伸精度。

建议完成本学习任务的时间为 12 课时。

学习任务(情境)描述

一辆爱丽舍轿车的左前侧在行驶过程中发生碰撞。经表面检查及三维测量,获得了该车各关键测量点的三维数据,确定具体维修项目及维修技术方案后,需要通过拉伸校正的方法对该车身的右侧前纵梁及减振座进行修复。

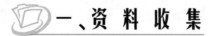

一、资料收集

引导问题 1　车身结构件校正需要遵循哪些基本原则?

由于承载式车身是刚性的整体结构,碰撞后会产生更复杂的变形,较薄的钢板也不能承受反复变形,修复工作最好一次到位。因此,按照材料、车身结构及变形特征制订合理的维修方案是修复承载式车身的重要环节。

即使是在多数条件相同的情况下,碰撞产生的变形也可能会有很大差异,具体修复程序不会完全一样,但制订维修方案的基本原则是相同的。

1 反向拉伸

由较小的碰撞力造成的轻微车身变形,按照反向拉伸原则进行维修,将会产生良好的修复效果。由于承载式车身由许多大小、形状、厚薄各异的成型板件彼此连接构成,如果车身受到的撞击力较大,车身整体有较大变形的时候,碰撞力能够按照设计路线传递,拉伸力也会对相互连接的板件产生不同影响。图14-1所示为不同拉伸角度在不同方向分力的变化,拉伸方向改变,其各个方向产生分力的大小也在改变。图中拉伸力 F_1 可分解为 $F_x + F_y$,拉伸力 F_2 可分解为 $F_{x1} + F_y$,拉伸力 F_3 则分解为 $F_x + F_{y1}$。设定拉伸方向时,应以反向拉伸原则为主,按照实际情况的需要对拉伸方向稍作调整,在相关板件都产生恢复性变形的同时避免产生新的变形。

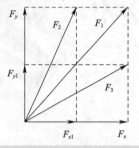

图14-1 不同拉伸角度在不同方向分力的变化

如车身前方受到斜向45°撞击,前纵梁和散热器框架同时受损,在两者变形量相当的情况下不能实施反向45°拉伸,因为散热器框架材料较薄而纵梁更坚固,斜向45°拉伸使作用于纵梁和散热器框架的分力大小相同,在纵梁还没有产生足够变形的时候,散热器框架可能已经被撕裂。在这种情况下,拉伸方向应该偏向更为坚固的纵梁,使作用于纵梁方向的分力大于作用于散热器框架的分力,并且在操作过程中还需不断检测板件的恢复情况,适时调整拉伸方向。

2 先进后出

修复过程中,拉伸力不仅对直接受力点产生影响,而是对整个力的传递路线产生影响。直接碰撞点变形量更大,硬化程度也更高,如果先修复直接碰撞点,就需要较大的拉伸力,这样必然会影响碰撞力传递路线上其他的变形部位,甚至拉伸力还不足以让变形量大的区域复原,却已经使得其他部位被拉伸过度或撕裂。所以先修复后产生的变形,辅助固定后再修复先产生的变形。

对于车身整体结构来说,修复程序应由下至上,由内至外,并按照长度、宽度、高度的顺序来校正每一处变形。

二、实施作业

引导问题2 车身结构件校正的基本流程是怎样的?

(1)用气动点焊钻去除焊点将散热器框架从纵梁上拆卸下来,如图14-2所示。两前纵梁都发生了变形,分开校正两前纵梁之间的刚性连接更便于校正操作,如图14-3所示。

图14-2 点焊钻分离散热器框架

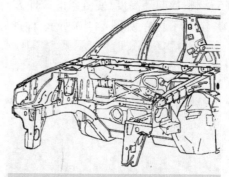
图14-3 拆下散热器框架后的车身

（2）将拉塔柱移动至合适的位置，确保拉伸方向基本正确，妥善固定拉塔柱，如图14-4所示。

（3）选择合适的拉伸夹具对纵梁前端进行夹持。必要时对相关部位进行多点夹持，多点同时拉伸时，分散受力可以让板件承受更大的拉力，还能避免板件在拉伸过程中被撕裂。图14-5所示为纵梁与减振座同时拉伸，图14-6所示为对前纵梁进行多点同时拉伸。图14-6中箭头所指为纵梁弯曲内侧的轻微褶皱，由于承载式车身纵梁是中空的箱型梁，将前方夹具夹在有褶皱的一侧进行拉伸，有利于褶皱恢复平直。

图14-4 拧紧螺杆,固定拉塔柱

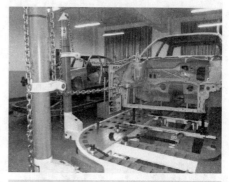
图14-5 前纵梁与减振座同时拉伸

（4）将链条连接到夹具上，用保险绳连接车身、夹具和链条，防止拉拔时受损板件断裂造成链条和夹具甩出伤人，如图14-7所示。钩挂链条前应将链条理顺，链条受力时每一节链环都不应扭转，如图14-8所示。

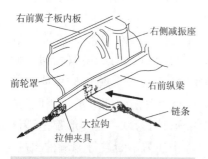
图14-6 前纵梁多点拉伸

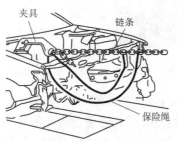
图14-7 安装保险绳

图14-8 链条受力时不允许扭转

(5)调整导向环高度,使链条的拉伸方向符合板件恢复(高度)方向的要求,如图14-9所示;拧紧导向环手轮,如图14-10所示;检查导向环夹齿与链条正确啮合,如图14-11所示。

图14-9 调整导向环高度

图14-10 顺时针旋转,拧紧导向环手轮

图14-11 导向环夹齿与链条正确啮合

(6)操作拉塔柱液压控制装置进行拉伸,边拉伸边进行三维测量,监控板件的恢复情况,必要时调整拉伸方向。一旦板件在拉伸过程中被撕裂,可能会向后甩出伤人,拉伸时塔柱两侧与后方一定范围内严禁站人。

(7)当链条开始受力时需松开导向环手轮,如图14-12所示,如果板件受力过大产生撕裂,导向环的自重将松动的链条向下压,可降低链条甩出伤人的可能性。

图14-12 逆时针旋转,松开导向环手轮

修复过程应按照拉伸→消除应力→保持→放松→再拉伸的方式反复多次进行,这样做有利于变形产生的应力得到充分释放。残余应力会造成板件持续、缓慢变形甚至开裂,板件受力的同时对应力变形区进行小力度的弹性敲击,有利于消除内应力,使板件恢复原始状态。尽量修复看得见的每一处变形,因为每一处变形都是整体结构中的应力集中区,会直接影响结构的整体强度。拉伸过程中还需不断进行测量,控制拉伸数据,避免过度拉伸。

引导问题 3 ▶ 修复车身结构件时如何控制拉伸精度？

拉伸力在足以克服材料的弹性极限时，才能使其产生塑性变形，而每次解除拉拔力以后，板件还会产生一定量的回弹，为了抵消金属的弹性变形，拉伸时应有少许的过量，但又要避免拉伸过度使材料承受反复变形。

例如该车右侧前纵梁第一测量点宽度方向原始数据为 450mm，实测数据为 427mm，说明该测量点在宽度方向向左侧变形 450 − 427 = 23（mm），模拟拉伸过程见表 14-1，此方法能够确保该点于某次拉伸结束后克服回弹正好处于标准数据（含允许误差），既能够满足多次拉伸尽量消除材料应力的要求，又能够有效避免过度拉伸。

拉伸精度控制计算　　　　　　　　　　　　　　　　表 14-1

项　目	拉伸时测量	放松时测量
拉伸前		427mm
第一次拉伸	450mm	439mm
第二次拉伸	450 + (450 − 439) = 461(mm)	443mm
第三次拉伸	461 + (450 − 443) = 468(mm)	446mm
……	……	……
第 N 次拉伸	……	450mm ± 3 mm

三、评价与反馈

（1）对本学习任务进行评价，评价内容见表 14-2。

实训教学课题卡（十四）　　　　　　　　　　　　　表 14-2

专业		班级		学生		学号	
课题号	课题名称	时数	分课题号		分课题名称		时数
14-1	车身前纵梁变形校正						
实训内容	实际操作塔柱移动、固定等拉伸前的准备工作，配合声波式测量设备控制指定测量点宽度拉伸精度						
教学组织与工位分配	（1）整队进入实训场地； （2）课前、课后点名； （3）按照课题作业防护要求着装； （4）课前强调组织、纪律及安全注意事项 工位分配：设立 1~2 个工位，以小组为单位轮换完成课题任务						
课前准备	工具、设备：平台式车身校正设备、声波式车身测量系统 材料：白车身						
说明	本课题要求以小组为单位，通过实际操作、分析、讨论，巩固相关知识点；指导教师对学生进行巡视和指导；可由模拟计算开始，逐渐向实际拉伸过渡，可适当安排小组讨论与集中展示，培养团队协作能力及语言表达能力						

续上表

序号	操作步骤及技术要求		配分	评分细则	考核记录			
					自评	小组互评	教师评价	小计
1	准备工作		20	(1)没有穿工作服扣5分； (2)操作时不戴防护手套扣5分； (3)敲打时不戴护目镜扣5分； (4)打磨时不戴口罩扣5分				
	各环节做好相应防护							
2	准备工作		20	(1)拉伸方向判断错误扣5分； (2)塔柱不锁紧扣5分； (3)链条扭曲扣5分； (4)安全绳连接不正确扣5分				
	检索车身数据图,确定车身前纵梁的拉伸方向,正确安装塔柱							
3	拉伸过程		20	(1)至少模拟4次计算,计算错误每次扣5分； (2)实际拉伸计算错误每次扣10分				
	根据拉伸后的实测数据计算拉伸数据							
4	质量检测		20	(1)<±1mm不扣分； (2)<±2mm扣5分； (3)<±3mm扣10分； (4)过拉伸>±3mm不得分				
	最终实测数据误差≤3mm							
5	工作态度及劳动纪律		10	(1)工作态度不端正,扣5分； (2)违反劳动纪律,此项不得分				
6	场地清理		10	(1)场地不干净扣5分； (2)不清理场地扣10分				
总分			100					
教师签名：				年　月　日		得分：		

(2)完成本学习任务以后,还有哪些相关问题？

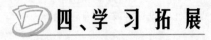

四、学习拓展

(1)配合声波式车身测量系统进行指定测量点高度拉伸精度控制。
(2)配合机械式通用车身测量系统进行指定测量点宽度拉伸精度控制。

项目五
车身板件局部更换

学习任务十五

车身前纵梁更换

> **学习目标**
>
> 完成本学习任务后,你应当能:
> 1. 熟悉车身结构件更换的基本工艺过程;
> 2. 正确分析变形区,并根据车身结构特点及工艺要求确定合理的更换范围;
> 3. 掌握车身结构件校正的基本原则;
> 4. 掌握车身相关维修工具、设备的使用方法;
> 5. 了解铝质车身结构件的更换流程;
> 6. 了解铝质车身结构件更换的基本要求。

 建议完成本学习任务的时间为 30 课时。

 学习任务(情境)描述

一辆爱丽舍轿车的左前侧在行驶过程中发生碰撞。经表面检查及三维测量,获得了该车各关键测量点的三维数据,确定具体维修项目及维修技术方案后,需要通过拉伸校正的方法先对该车身的左侧减振座及前立柱进行校正修复,再对左侧前纵梁进行局部更换。

一、资料收集

引导问题1 车身结构件维修及更换作业需要遵循哪些基本策略?

由于车身结构、材料等自身特点,有些构件变形后不允许修复,即使能够恢复尺寸,其强度也不能达到设计、使用要求;而有些变形达到一定程度的构件,和车身覆盖件维修一样,宜考虑维修难度、维修效率、修复质量及费用等综合因素,当修复成本接近、甚至高于更换成本时,换用新件往往是更合理的选择。

车身是由不同材质、不同厚薄的金属板件冲压成型,再经过精确定位后相互连接形成的整体结构,如果将连接方式产生的应力忽略不计,对没有发生碰撞的完好车身进行分解,分离后的板件仍将保持原始状态,各板件之间的定位及配合也不会发生变化。而车身结构一旦受到外力影响,外力在车身结构传递的过程中会不断产生变形和破坏,各板件在相互连接的前提下依次受到影响,同时也会在"抵抗"相邻板件带来影响的时候产生强大的应力。正如同弹性变形和塑性变形同时存在一样,同一变形区域内的弹性变形被塑性变形限制了自由回弹,如果在变形(应力)没有充分消除的情况下分离板件之间的连接,相关板件将会分别向不同方向自由释放弹性产生不同程度的变形,这样会给校正工作带来很大的麻烦。

遇到类似情况时,正确的处理方法是在板件相互连接的状态消除变形释放整体应力,待变形量较小的可修复件恢复原位时,再切除变形量较大的需更换件。切不可首先分离需更换件,再各自校正相关板件的变形。如项目二的学习任务五中,修复图5-35所示翼子板的变形,示例中建议随车修复的原因也是这样的。

引导问题2 车身结构件校正作业需要使用哪些工具设备?

1 工具

工具包括常规敲打整形工具、气动点焊钻、气动切割锯、气动铲、气动开孔器、打磨工具、大力钳等。

(1)常规敲打整型工具详见项目二的学习任务五。

(2)气动点焊钻:用于分割电阻点焊焊点的钻孔工具,带有弓形夹紧装置,如图15-1所示,配合专用点焊铣刀使用,点焊钻在安装弓形夹的时候,只能钻除板件边缘的焊点,若焊点离板件边缘较远,将弓形夹拆卸后也能钻除焊点,但钻孔定位准确性稍差,比较容易钻偏,如图15-2所示。点焊钻的加工间隙应根据钢板厚度来调整,可去除板件上层焊点而不破坏下层板件,如图15-3所示。

图15-1　安装弓形夹的点焊钻　　图15-2　拆除弓形夹的点焊钻

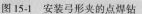
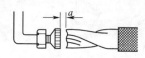
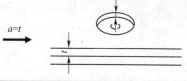

图15-3　根据钢板厚度调整点焊钻加工间隙
a-点焊钻加工间隙；t-钢板厚度

（3）气动铲：运行时会产生强烈振动，不易对准切割线，可对薄板进行快速的粗略切割，如图15-4所示。

（4）气动切割锯：可对薄板进行精确切割，如图15-5所示。通常有不同齿数的锯条可供选择，使用时应根据材料的硬度与板件厚度选择合适的锯条，材料硬度较高或板件较薄时使用细齿锯条，而材料较软或板件较厚时使用粗齿锯条。

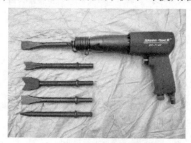
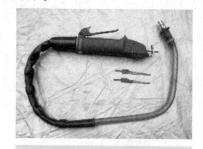

图15-4　气动铲　　图15-5　气动切割锯

（5）气动开孔器：用于薄板边缘处开孔，常用于结构件与覆盖件更换时塞焊孔的预加工，如图15-6所示。车身维修工艺对塞焊点孔径的要求：结构件8mm；覆盖件、装饰件5mm。图15-7所示为5mm孔径手动开孔器。

图15-6　气动开孔器　　图15-7　手动开孔器

(6)气动角向打磨机:此操作应使用硬质打磨材料,用于打磨焊缝与焊点,如图15-8所示。

(7)大力钳:能方便地夹紧和松开钳口,并且能调整夹持厚度,有多种形状和尺寸可供选择,用于将新板件临时固定在车身结构上,便于测量和调整新板件的装配位置,如图15-9所示。

图15-8 气动角向打磨机

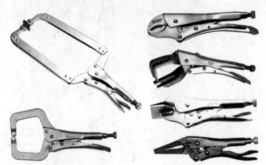

图15-9 不同类型的大力钳

2 设备

设备包括车身测量系统;车身校正设备;等离子切割设备;CO_2气体保护焊机;电阻点焊机等。用于车身测量和校正的设备有很多种类型,其中米桥式车身测量系统和平台式车身校正设备因价格相对低廉,使用最广泛。

(1)机械式通用车身三维测量系统:用于测量车身三维尺寸,可与多种校正设备配合使用,如图8-1所示。

(2)平台式车身校正设备:为测量系统提供安装平台;用四个夹具固定车身,为待修车身提供刚性定位;配备两个拉塔柱和各种夹具,拉塔柱可全方位移动并能固定在平台周边任何位置,采用手动、气动或电动液压方式提供全方位拉伸,如图13-8所示。

(3)等离子切割设备:其特点是弧柱温度高、热影响范围小,适合快速切割,在切割高强度钢板时,不会改变切割缝附近的材料强度,如图15-10所示。正常使用气压范围:0.3~0.5MPa。

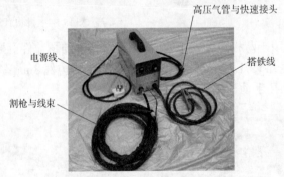

图15-10 等离子切割设备

(4)CO_2气体保护焊机:采用细焊丝、小电流,焊接热量较小,适合薄板焊接。详见相关学习任务。

(5)电阻点焊机:采用低电压、高电流焊接,焊接时间短,焊接热影响范围极小,特别适合焊接高强度板和超高强度板。详见相关学习任务。

3 其他必要设施

（1）电源：需配备220V和380V两种电源，电阻点焊设备电源需达到30~40A。

（2）气源：维修车间正常气压范围0.5~0.8MPa。

（3）打磨材料：除常规去除面漆的打磨材料以外，还需配备硬质打磨片和去除防石击涂层的钢丝刷轮，如图15-11所示。

（4）防腐材料及工具：用于焊前防腐的冷镀锌喷剂，如图15-12所示；钣金密封胶及施胶枪如图15-13所示；防石击涂料及专用喷枪，如图15-14所示。

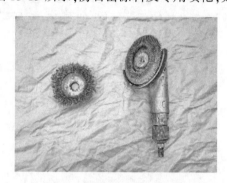

图15-11 可替换钢丝刷轮

图15-12 冷镀锌喷剂

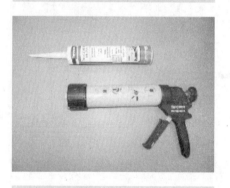

图15-13 钣金密封胶及施胶枪

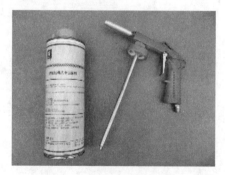

图15-14 防石击涂料与专用喷枪

二、实 施 作 业

引导问题3 车身结构件更换的基本流程是怎样的？

1 变形区整体拉伸校正

因为左侧纵梁损伤较严重，从修复强度及工作效率等各方面综合考虑，都不适合修复后再使用,所以利用需更换的左侧纵梁前段作为拉伸夹持点,采取与学习任务14中修复右侧纵梁相同的方法拉伸左前纵梁及减振座,如图15-15所示。结合"先进后出"原则,拉伸过程中优先关注A柱与左侧减振座的复原情况,适时安装左前车门,不断检查左前车门与周边的配合间隙及平面度,而左侧翼子板加强板与纵梁前段等计划更换的部件,则不必刻意保持其完好。为便于夹持和拉伸,也可以先在需更换区域进行粗略切割,将影响操作的部分拆卸下来,如图15-16所示。图15-16中箭头所指虚线为前纵梁更换时的最终切割位置,粗略切割后保留一部分作为拉伸时的夹持点,这样操作的目的是利于拉伸力更有效地作用于需要修复的纵梁后段,也利于与前纵梁直接连接的减振座与A柱等相关部件能够整体复原。待需保留部分完全修复以后,再在最终切割线上进行精确切割。若A柱复原状况不佳,在拉伸减振座的同时,还可以采用液压缸或机械顶杆设备顶撑A柱使门框复位,如图15-17所示。

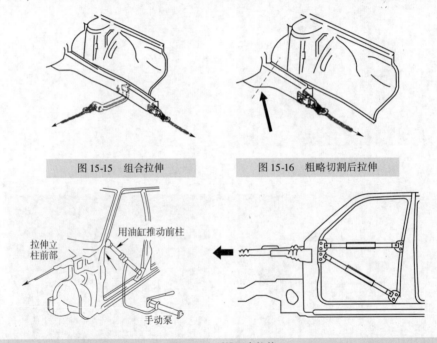

图15-15 组合拉伸　　　　图15-16 粗略切割后拉伸

图15-17 顶撑配合拉伸

拉伸或顶撑时,用锤子轻敲塑性变形部位,能加速变形的恢复,也能有效消除变形区产生的应力。

2 拆解翼子板内板

用气动点焊钻去除焊点,拆解翼子板内板。当底层板件需要保留的时候,去除表层板件时应尽量保证底层板件的完整。图15-18所示为电阻焊点位置。有些焊点被防石击涂料遮盖,可用气动砂轮配合钢丝刷轮清除,如图15-19所示。若焊点轮廓不清晰,可用小锤将錾子轻轻敲入板件夹层,当板件被撑开一定缝隙以后,焊点轮廓就能够显现出来了,如图15-20所示。还可用砂轮机打磨焊点,如图15-21所示。当面板被打磨至一定深度的时候,底层板焊点轮廓会清晰地显现出来,此时可将两层板件分离,如图15-22所示。

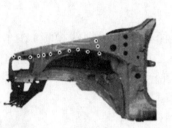 

a)侧面焊点　　　　　　b)上部焊点

图 15-18　翼子板内板焊点位置

 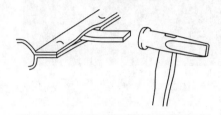

图 15-19　用钢丝刷轮去除防石击涂层　　　图 15-20　用錾子确定焊点位置

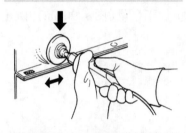 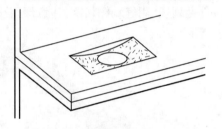

图 15-21　用砂轮机磨除焊点　　　图 15-22　焊点轮廓

3　拆解翼子板内板加强板

图 15-23 所示为该车型翼子板内板加强板焊点位置。

4　去除左前纵梁焊点

图 15-24 所示为该车型纵梁焊点位置。

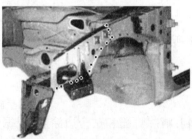 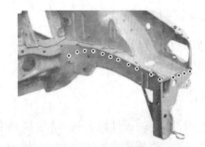

图 15-23　翼子板内板加强板焊点位置　　　图 15-24　纵梁焊点位置

5 车身准备

用东风雪铁龙专用工具 9506-T（爱丽舍前纵梁划线模板）在车身前纵梁根部划线，如图 15-25 所示，用气动锯切割。图中显示 20mm 为切割时保留的加工余量，可保留到新件装合定位时同步进行最终的精确切割，如图 15-26 所示。

图 15-25　用纵梁划线模板 9506-T 在纵梁上划线

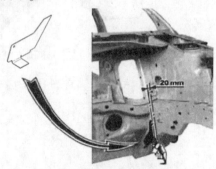

图 15-26　保留 20mm 加工余量

6 新件准备

在新备件上划线，用气动锯切割，注意保留少量加工余量（图示 20mm），防止切割过量。如图 15-27 所示。

图 15-27　用纵梁划线模板 9506-T 在新备件上划线

7 新件装合

将新板件安装到车身上，精确打磨新旧板的接口，使新旧板件的接口缝隙达到 2~3 倍板厚，容易获得较大的焊接熔深。用大力钳简要固定后进行三维测量，调整新件直至各基准点符合标准尺寸。

8 接缝内衬加强板准备

制作新旧板件接缝内衬加强板，如图 15-28 所示。焊接衬板长度需达到 40mm，使用时插入新旧纵梁内部各一半并与其贴合紧密。

9 板件预处理

拆下新板件，处理板件贴合边：清除接口毛刺；清除焊缝和贴合边涂层；根据焊接要求标记焊点位置，用气动开孔器加工塞焊孔，如图 15-29 所示；在焊缝和贴合边内层喷涂冷镀锌喷剂，如图 15-30 和图 15-31 所示。车身贴合边作相同处理。

图 15-28 接缝内衬加强板

图 15-29 新备件预处理

图 15-30 接缝内衬加强板焊前防腐

图 15-31 板件贴合边焊前防腐

⑩ 组装接缝内衬加强板

将纵梁接缝衬板安装到车身上,焊接各塞焊点。

⑪ 焊接纵梁新件

重新安装新纵梁,并进行测量、定位,按照工艺要求进行焊接。

⑫ 焊接翼子板内板组件

安装翼子板加强板及翼子板内板新件,用大力钳简要固定后装合翼子板和发动机舱盖,检查、调整各覆盖件之间的装配间隙,如图 15-32 和图 15-33 所示。确定所有相关覆盖件间隙及平面度都能调整到位以后,按照工艺要求进行焊接。

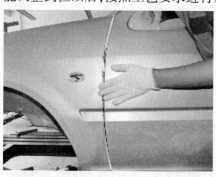
图 15-32 检查前门与翼子板缝隙

图 15-33 检查翼子板与发动机舱盖缝隙

⑬ 焊接散热器支架

按照上述程序安装散热器支架,按照工艺要求进行焊接,如图 15-34 所示。

⑭ 测量复检

对车身进行整体测量,获得修复后的车身数据,处理因焊接热量造成的变形。

⑮ 防腐、密封处理

将焊点、焊缝打磨平整,按照工艺要求进行防腐、密封处理,详见后续章节。

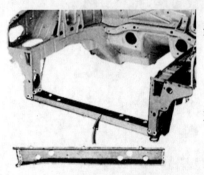

图 15-34　焊接散热器支架

引导问题 4　铝质车身前纵梁局部更换的基本流程是怎样的?

本环节以一台完好的车身模拟演示铝质车身前纵梁局部更换的基本流程。素材来源于 BMW。

(1)前纵梁新备件及内腔预制加强模块,如图 15-35 所示。

(2)在规定的部位划线,标记切割位置,如图 15-36 所示。

图 15-35　前纵梁新备件及加强模块

图 15-36　标记切割位置

(3)用气动锯沿标记线进行切割,如图 15-37 所示。

(4)按照上述方法切割前纵梁新备件,如图 15-38 所示。

(5)将车身及前纵梁新备件的切割缝打磨整齐,去除毛刺,如图 15-39 所示。

(6)将内腔预制加强模块置入纵梁,在车身及前纵梁新备件上标记加强模块紧固螺钉的位置,如图 15-40 所示。

图 15-37　车身切割

图 15-38　新备件切割

图 15-39　打磨去除毛刺

图 15-40　标记紧固螺钉的安装位置

（7）用带式打磨机在标记处磨出缺口，预留加强模块紧固螺钉的安装位置，如图 15-41 所示。

（8）用沾有脱脂剂的无纺布彻底清洁车身、前纵梁新备件及内腔预制加强模块，如图 15-42 所示。

图 15-41　预留紧固螺钉的安装位置

图 15-42　清洁、脱脂处理

（9）在内腔预制加强模块上施涂双组分高强度粘结剂，如图 15-43 所示。涂满 4 个粘合面。

（10）用刮刀将粘结剂涂抹均匀,确保所有贴合面被完全覆盖,如图15-44所示。

图15-43　施涂粘结剂

图15-44　将粘结剂涂抹均匀

（11）将内腔预制加强模块放入纵梁切口,再安装切割好的纵梁新备件,如图15-45所示。

（12）调整纵梁新备件的安装位置,用大力钳夹持固定,如图15-46所示。

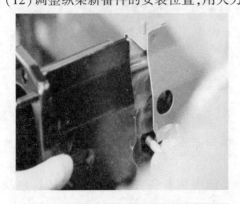

图15-45　替换件安装

图15-46　替换件定位

（13）拧紧加强模块上的紧固螺钉,让加强模块在纵梁空腔内充分扩张,如图15-47所示。

（14）用刮刀将溢出接缝的多余粘结剂刮除抹平,如图15-48所示。

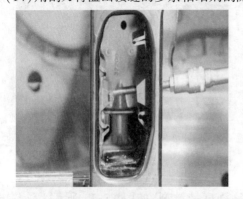

图15-47　扩张加强模块

图15-48　刮平多余粘结剂

(15)在规定的部位做标记,钻出6.7mm铆接孔,如图15-49所示。
(16)用气动拉铆枪铆接6mm钢质铆钉,如图15-50所示。

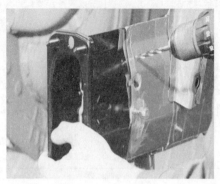

图15-49　钻出铆接孔　　　　　图15-50　铆接

(17)拆卸加强模块上的紧固螺钉,更换操作完成,如图15-51所示。
(18)喷涂内腔防护蜡防腐,如图15-52所示。

图15-51　更换操作完成　　　　图15-52　喷涂内腔防护蜡

三、评价与反馈

(1)对本学习任务进行评价,评价内容见表15-1。

实训教学课题卡(十五)　　　　表15-1

专业		班级		学生		学号	
课题号	课题名称	时数	分课题号		分课题名称		时数
15-1	箱形结构模拟件制作及局部更换						
实训内容	制作模拟箱形结构件组件,以电阻焊焊接后,按照要求对箱形结构件进行划线、电阻焊点分离、切割、替换板件装合、焊接成型,模拟车身结构件更换工艺流程						

续上表

教学组织与工位分配	(1)整队进入实训场地； (2)课前、课后点名； (3)按照课题作业防护要求着装； (4)课前强调组织、纪律及安全注意事项 工位分配：设立2~4个工位，以小组为单位完成课题任务						
课前准备	工具、设备：钳工台(含台虎钳)、钢尺、划针、气动锯、气动焊点钻、电阻焊机、二氧化碳气体保护焊机、相关防护用品 材料：模拟车身箱形结构件组件						
说明	本课题要求以小组为单位，通过轮换独立操作，巩固相关知识点、掌握基本操作流程、提高操作技能；指导教师对学生进行巡视和指导；可设置分解练习工位，由划线切割、钻孔等基础项目开始，循序渐进。本项目建议安排在焊接课程以后开展						
考核评分标准		考核办法		操作(　) 答辩(　)	时限		min

序号	操作步骤及技术要求	配分	评分细则	考核记录			
				自评	小组互评	教师评价	小计
1	个人防护 各操作环节做好相应防护	10	(1)没有穿工作服扣2分； (2)操作时不戴防护手套扣2分； (3)操作时不戴护目镜扣2分； (4)焊接时不戴防护面罩扣2分				
2	电阻焊质量 焊点中心与划线中心对正	10	偏差>1mm每个扣0.5分				
3	板件分离质量 钻孔与切割不损伤底板；钻孔不偏斜；切缝整齐	20	(1)损伤底板每处扣2分； (2)钻孔偏斜每个扣1分； (3)切割偏差>1mm每1cm长度扣1分				
4	塞焊质量 塞焊点圆滑饱满，符合尺寸要求	20	设置十个焊点，每个焊点质量超差扣2分				

续上表

序号	操作步骤及技术要求	配分	评分细则	考核记录			
				自评	小组互评	教师评价	小计
5	焊缝质量 以连续点焊、分段跳焊的形式完成；要求焊缝连贯整齐，符合尺寸要求	20	(1)不按要求完成焊接扣10分； (2)尺寸超差及缺陷每处扣2分				
6	工作态度及劳动纪律	10	(1)工作态度不端正扣5分； (2)违反劳动纪律，此项不得分				
7	安全防范措施，场地清理	10	(1)场地不干净扣5分； (2)有安全隐患，不清理场地扣10分				
总分		100					
教师签名：			年　月　日	得分：			

(2)完成本学习任务以后，还有哪些相关问题？

四、学习拓展

(1)分别使用气动铲和气动切割锯完成车身板件不同部位的切割，体验不同切割工具的特点和适用范围。

(2)使用等离子切割设备切割车身板件，观察设备在板件表面涂层不导电的情况下能否产生电弧现象。

学习任务十六

可拆卸车身覆盖件更换

学习目标

完成本学习任务后,你应当能:
1. 熟悉车身覆盖件的基本安装调整要求;
2. 掌握车身覆盖件的正确安装调整顺序;
3. 掌握车身覆盖件的基本调整方法。

 建议完成本学习任务的时间为 **18** 课时。

 学习任务(情境)描述

一辆爱丽舍轿车的左前侧在行驶过程中发生碰撞,以学习任务十二所描述之车身碰撞损伤为例,在经过学习任务十四学习任务十五进行修复和局部更换以后,需对左前车门、两侧前翼子板、发动机舱盖、前照灯及前保险杠等覆盖件进行装合检查,以确定相关结构件及覆盖件均已修复到位且配合良好,避免将调整工作留到涂装作业以后。

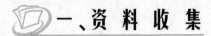

一、资料收集

引导问题1 车身可拆卸覆盖件拆装与调整有哪些基本要求?

无论是可拆卸还是不可拆卸的覆盖件,其安装(定位)基础基本都是车身结构件,图16-1所示为承载式车身可拆卸覆盖件。承载式车身是其他所有零部件的安装基础,为保障汽车正常使用及行驶安全，这些零部件在车身上的安装点均有较高的精度要求，覆盖件的安装精度不会直接影响汽车的行驶安全，从设计的角度来说，覆盖件的安装精度要求比结构件更宽松一些，在相互配合的板件之间，往往有更大的调整余量。很多车身维修技师在校正车身结构变形的时候，以覆盖件的装合来反向验证结构件是否被修复到位，这种方法对于轻微碰撞的车身可能有一定效果但隐患明显，修复变形比较严重的事故车时，仍建议以三维测量的方式修复车身结构，在确保车身结构精度的前提下装合车身覆盖件。

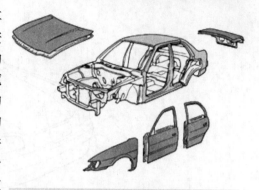

图 16-1　承载式车身可拆卸覆盖件

车身覆盖件的安装精度对于车身外观会产生较大影响，主要体现在配合间隙、平面度和缝隙平行度等几个方面，各品牌主机厂都会提供不同车型的装配要求。图 16-2、图 16-3 所示为东风雪铁龙-爱丽舍车型的装配要求，另有数据表可查询具体间隙尺寸与公差。如序号"3"指示为发动机舱盖与前照灯之间有配合要求，通过序号查询此处装配间隙为 6mm，高度差无要求，缝隙平行度为 ≤2mm；序号"4"指示为发动机舱盖与前翼子板之间有配合要求，通过序号查询此处装配间隙为 4mm，高度差为 0mm±1.5mm，缝隙平行度为 ≤2mm；序号"a"指示为前翼子板与前车门之间有配合要求，通过序号查询此处装配间隙为 4mm+2mm，高度差为 0mm+1mm，缝隙平行度为 ≤1mm。序号"a"中的各项配合及公差要求说明，此处装配间隙可大不可小，翼子板相对于车门的安装高度（宽度纵深）可高不可低，因为"前后"配合的板件，前高后低可降低风阻，还能避免处于后方的车门开闭时剐蹭处于前方的翼子板，此要求同样适用于前后车门之间的缝隙。

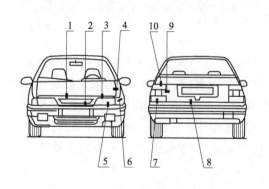

图 16-2　爱丽舍车身前后方装配要求

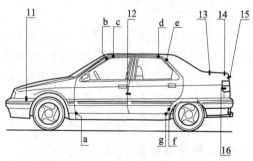

图 16-3　爱丽舍车身侧方装配要求

无论是旧件修复重新安装还是换用新件，实际操作中，这些数据通常仅作为参考，安装调整时主要还是以肉眼观察为主。除了关注上述几项要求，对于某些处于同一观察面的两条对称出现的缝隙，还需关注左右两侧缝隙的对称性，使其看起来显得均匀一致，不要有明显差异，如图 16-4 所示。

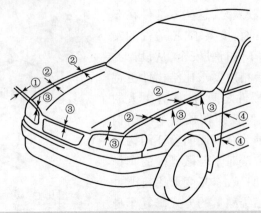

图16-4 同一区域安装缝隙的一致性及对称性

二、实施作业

引导问题2 车身前部覆盖件调整的基本流程是怎样的？

> **注意**
>
> 东风雪铁龙—爱丽舍车型为焊装式车门铰链，定位准确以后直接将铰链焊接到立柱上，不可再次调整。此处以更为常见的螺栓固定式铰链来模拟表达车门定位过程，定位要求及基本流程无差异。

1 安装左前车门

因该车左侧B柱以后并没有受到碰撞影响，所以可以用安装在B柱上的左后门来验证左前门的安装位置。前车门通常以两个铰链安装在A柱上，装上车门后将固定螺栓稍加拧紧，关闭车门，观察周边配合状态，必要时拧松螺栓进行调整，直至图16-3所示检查点"12" "b" "c"的配合间隙、平面度和缝隙平行度等几个方面都符合装配要求，紧固左前门在A柱上的所有安装螺栓。此步骤应该在修复左侧A柱时完成，用来辅助验证A柱的修复精度。

2 安装两侧前翼子板

安装翼子板在A柱和翼子板加强板上的固定螺栓，调整翼子板位置，使图16-3所示检查点"a"-翼子板后缘与前车门前缘之间的配合间隙、平面度和缝隙平行度等各方面都符合装配要求，紧固翼子板在A柱上的所有安装螺栓，其他螺栓暂不紧固。

3 安装发动机舱盖

发动机舱盖通常由位于翼子板加强板后端的两个铰链固定，每个铰链各有两个螺栓安装点。将发动机舱盖置于开启位置,安装连接铰链与发动机舱盖的 4 个螺栓,一侧紧固一个螺栓(稍加紧固即可);轻轻关闭发动机舱盖,观察发动机舱盖与两侧翼子板的配合状态,如图 16-2 所示,根据实际需要旋松螺栓进行调整,同时调整翼子板在翼子板加强板上的安装位置,稍加紧固翼子板前端第一个螺栓即可。经过多次反复检查调整,当发动机舱盖与两侧翼子板的配合间隙、平面度和缝隙平行度等各方面都符合图 16-2 所示检查点"4"的装配要求,紧固发动机舱盖和两侧翼子板的所有安装螺栓。

> 发动机舱盖等大型部件拆卸及安装作业需两人配合完成,避免损坏车身玻璃或其他零部件。

4 安装前照灯

分别装合两侧前照灯,检查图 16-2 所示"3""5""6"各处检查点的配合状态,必要时调整前照灯安装支脚(不同车型有不同的结构设计特点,此处略)。当各检查点均符合安装要求时,紧固前照灯所有安装螺栓。

5 安装前保险杠

不同车型有不同的结构设计特点,部分车型保险杠的安装间隙不可调整,可调整安装间隙的车型,其调整位置和调整方法也会有差异,此处不表述调整方法。进行装合检查时,在各安装点对正的情况下,确定保险杠与周边相关零部件能正确配合即可。

引导问题 3 车身侧方覆盖件调整的基本流程是怎样的?

如一辆东风雪铁龙-毕加索轿车发生了侧方碰撞,车身左侧前后车门大面积剐蹭,检查其他相关部位均未发生变形,决定更换左侧前后车门,现在需对前后车门进行装合(安装)。图 16-5 所示为东风雪铁龙-毕加索车型的装配要求。

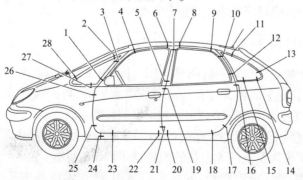

图 16-5 毕加索车身侧方装配要求

1 安装后车门

拆卸损坏的前后车门及附件,先从后车门开始安装。后翼子板与车身结构焊接成一体,且该车在碰撞时并未伤及后翼子板,经检查后翼子板完好,后翼子板与尾灯、后三角窗、行李舱盖之间的配合均符合要求,因此,可以用后翼子板的轮廓来验证后车门的安装位置。

每个车门通常以两个铰链安装在车身立柱上,而每个车门铰链以两个螺栓安装在立柱上(图16-6),以两个螺栓安装在车门上(图16-7)。铰链上的各个安装孔设计都比螺栓的直径略大,使车门在各方位都有一定的调整余量。铰链与立柱之间的调整余量可实现车门在前-后、上-下方位的调整,铰链与车门之间的调整余量可实现车门在宽度纵深及上-下方位的调整。

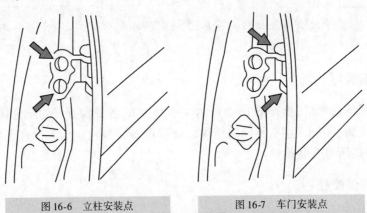

图16-6 立柱安装点　　图16-7 车门安装点

装上车门后将固定螺栓稍加拧紧,关闭车门(未安装车门锁扣),观察车门与周边板件的配合状态,检查配合缝隙、平面度及筋线的对齐状态,必要时旋松螺栓进行调整,直至图16-5所示"8""9""10""12""16""17""18""20"各处检查点的配合间隙、平面度和缝隙平行度等几个方面都符合装配要求,且车门能够正常开闭无阻滞,紧固左后门铰链上的所有安装螺栓。

8、9:后车门上边缘与车顶纵梁之间的配合。

10、12、16:后车门后边缘上部与后翼子板之间的配合。

17:后车门后边缘下部与后翼子板之间的配合。

18、20:后车门下边缘与门槛纵梁之间的配合。

2 安装后车门锁扣

车门锁在车门上的安装位置不可调整,但车门锁扣在立柱(后翼子板)上的安装位置是可以适当调整的,当验证车门各方位都符合装配要求以后,再安装后车门锁块和锁扣,以车门锁(车门)的安装位置作为基准来调整锁扣的安装位置。

车门锁扣通常有两个安装孔,预设在立柱(后翼子板)上的安装孔有一定的调整余量,可实现车门锁扣在宽度纵深及上—下方位的调整,如图16-8所示。

安装后车门锁块,紧固所有螺栓;安装车门锁扣,稍加紧固其中一个螺栓;轻轻合上车门,观察车门锁与锁扣的配合状态,适当旋松螺栓调整锁扣位置并反复检查,直至车门锁块

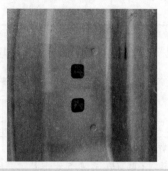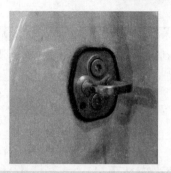

图16-8 车门锁扣及安装点

与锁扣能够正确啮合,车门表面各方位检查点的配合间隙、平面度和缝隙平行度等几个方面仍符合装配要求,且车门能够正常开闭无阻滞,紧固车门锁扣上的所有安装螺栓。

3 安装前车门及车门锁扣

按照上述后车门安装流程,依次安装前车门、车门锁块及锁扣,使其达到图16-5所示装配要求。

4 调整前翼子板及其他相关板件

该车前翼子板在碰撞中没有受损,如有调整需要,按照本学习任务中引导问题2所示方法进行调整。

5 安装车门附件

在完成前后车门的安装调整工作后,安装其他车门附件,具体方法略。

三、评价与反馈

(1)对本学习任务进行评价,评价内容见表16-1。

实训教学课题卡(十六)　　　　　　　　　　　　　表16-1

专业		班级		学生		学号	
课题号	课题名称	时数	分课题号		分课题名称		时数
16-1	车门总成拆装及调整						
实训内容	拆卸车门与相关零部件,通过重新安装调整,掌握车身覆盖件安装调整工艺流程及要求						
教学组织与工位分配	(1)整队进入实训场地; (2)课前、课后点名; (3)按照课题作业防护要求着装; (4)课前强调组织、纪律及安全注意事项 工位分配:设立2~4个工位,以小组为单位完成课题任务						
课前准备	工具、设备:整备车、基本拆装工具、塞尺、相关防护用品 材料:无						

续上表

说明	本课题要求以小组为单位,通过轮换独立操作,巩固相关知识点、掌握基本操作流程、提高操作技能;指导教师对学生进行巡视和指导;可适当安排小组讨论与集中展示,培养团队协作能力及语言表达能力						
序号	操作步骤及技术要求	配分	评分细则	考核记录			
				自评	小组互评	教师评价	小计
1	个人防护 各操作环节做好相应防护	10	(1)没有穿工作服扣5分; (2)操作时不戴防护手套扣5分				
2	部件拆卸 拆卸流程正确	20	(1)拆卸流程错误每次扣5分; (2)因方法、流程错误造成损坏不得分				
3	车门安装间隙调整 步骤合理;方法正确	30	(1)步骤不合理每次扣10分; (2)方法错误每次扣5分				
4	部件安装 装配到位;程序合理	20	(1)安装不到位每处扣5分; (2)安装程序不合理造成重复操作每次扣5分				
5	工作态度及劳动纪律	10	(1)工作态度不端正扣5分; (2)违反劳动纪律,此项不得分				
6	安全防范措施,场地清理	10	(1)场地不干净扣5分; (2)有安全隐患,不清理场地扣10分				
总分		100					
教师签名:			年　月　日		得分:		

(2)完成本学习任务以后,还有哪些相关问题?

四、学习拓展

(1)拆卸一辆轿车的某一侧前后车门及翼子板,重新装配并调整安装间隙。

(2)拆卸一辆轿车的车身前部覆盖件(含保险杠、前照灯、散热器框架、发动机舱盖、两侧翼子板等部件),重新装配并调整安装间隙。

学习任务十七

车身后翼子板更换

学习目标

完成本学习任务后,你应当能:
1. 熟悉焊接式车身覆盖件更换的基本工艺流程;
2. 正确分析变形区,并根据车身结构及变形程度确定更换范围;
3. 了解铝质车身覆盖件的基本更换方法。

 建议完成本学习任务的时间为 18 课时。

 学习任务(情境)描述

一辆爱丽舍轿车的左后侧翼子板在行驶过程中发生碰撞。经检查,该车左后翼子板严重变形,需要对变形部位进行局部修复或更换。

一、资料收集

引导问题 1 车身后翼子板更换作业需要遵循哪些基本策略?

车身任何部位都有可能在碰撞过程中受损,部分覆盖件用螺栓安装在车身结构上,可以拆卸也可以适当调整,而两侧后翼子板和车顶却是不一样的,虽然同为覆盖件,但这两处板件却都是以焊接的形式与车身结构连接成为一个整体。如果受损不严重,一般随车修复,如果受损严重,则需根据变形范围、变形程度及维修工作量来确定合理的维修方案(修复或更换)。

传统车身结构中,后翼子板为独立冲压成型件,再以电阻点焊和钎焊等形式与相关板件进行连接,如图 17-1 所示。如需更换后翼子板,通常在板件结合处进行分离,并以相同的焊接形式进行连接。随着现代加工制造水平的不断提高,车身零部件的制造方式也在

项目五 车身板件局部更换

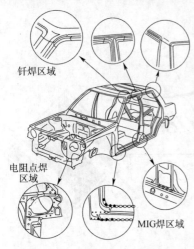

图 17-1 分段连接的车身覆盖件

发生变化,后翼子板往往与门槛外板、车顶纵梁外板、A柱及B柱外板一体冲压成型,称为"侧围外板总成",图17-2所示为雪铁龙—毕加索车型的左侧围外板总成。图中"×-×-×-×"符号为建议分割线,某些厂家可能仅提供侧围总成件,某些厂家还提供侧围的不同分段部件,维修技师可根据实际需要自行分割或分段订购。图17-3所示为雪铁龙—爱丽舍车型的左侧围在车身上的覆盖区域。

车身焊装生产线上,车顶板是最后一个焊接覆盖件,而且定位于两侧侧围板之上,如果车身侧围损伤范围较大,即使车顶板并未在碰撞中受损,往往还需要考虑车顶板的分离、重新定位、焊接甚至换用新件,同时应考虑相关防腐密封、隔音降噪作业。

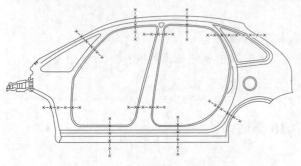

图 17-2 毕加索车身左侧围总成

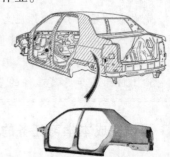

图 17-3 爱丽舍车身左侧围总成与车身覆盖区域

二、实施作业

引导问题2 如何进行车身后翼子板的更换?

如一辆雪铁龙-爱丽舍轿车左后侧发生碰撞,经外观检查,该车受到左后方斜向剐蹭,主要表现为后翼子板产生大面积凹陷,尾灯附近板件部分破裂;对照车身装配要求检查板件配合缝隙,如图16-2、图16-3所示,后翼子板向前挤压致检查点"e""f"位置缝隙变小,检查点"13""14""15"位置缝隙增大;尾灯破损,尾灯固定板轻微变形;检查点"12""d""g"位置完好,后风窗玻璃完好,行李舱盖完好,车顶板完好;B柱没有变形,左侧前后车门均保持完好,车身定位良好,几乎没有发生结构方面的整体变形。综合考虑变形范围、变形量及修复难度,决定拆卸后风窗玻璃,部分更换左后侧围板,修复相关内层板件的少量变形。更换范围如图17-4所示。如果损伤达到车顶纵梁-后车门上边缘处,则需要分离车顶板,更换后侧围总成,更换范围如图17-5所示。

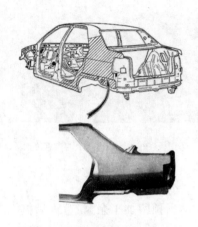

图17-4 后侧围部分更换范围

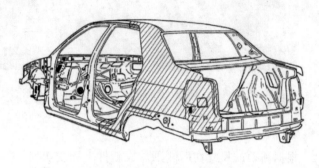

图17-5 后侧围总成更换范围

1 维修准备

（1）拆卸左侧尾灯、后保险杠,拆卸行李舱密封条,拆卸行李舱内所有内饰板及地垫,清空杂物,防止焊接火花引起燃烧。

（2）拆卸车身后排座椅,对后排地毯及燃油泵安装区域进行有效遮蔽,防止焊接火花引起燃烧、爆炸。

（3）拆卸左侧 C 柱内饰板及安全带（左后翼子板内侧）,拆卸行李架隔板装饰板,拆卸左后门框密封条,暴露门框焊点。

（4）拆卸车身后风窗玻璃,铲除残胶,暴露焊点。

（5）将车身安装到校正平台上妥善固定。

（6）断开蓄电池负极,避免焊接时损伤车内电气设备。

如果更换侧围总成或后侧围总成,则需要拆解车顶板,因此,必须拆卸前风窗玻璃、仪表台、座椅、地毯及所有车内饰板。

2 校正相关板件变形

以损坏的左后翼子板作为拉伸夹持点,修复左后翼子板整体变形,重点检查"d""e""f""g"点位的配合状况,关注"13""14""15"点位与行李舱盖的配合,如图16-3所示,适时检查后风窗对角线尺寸,直至上述所有检查点都符合配合间隙及平面度要求。

3 拆解车顶板（更换后侧围总成项目）

用气动点焊钻钻除车顶板四周的焊点,如图17-6、图17-7所示。

图17-6　车顶板在车顶前后横梁上的焊点位置

图17-7　车顶板在车顶左右纵梁上的焊点位置

4 新件准备

根据需要的尺寸在后侧围总成新件上划线切割,注意适当预留加工余量;分离后侧围总成新件上的尾灯固定板,如图17-8所示。

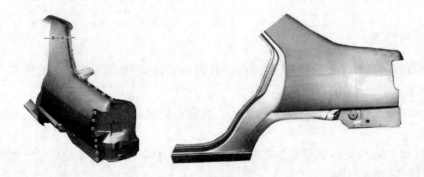
图17-8　新件切割钻孔

5 车身准备

(1)待车身侧围保留区域基本修复到位,拆卸行李舱盖,便于分离损坏的侧围板。

(2)将切割好的新板件贴合到车身对应的位置上,用大力钳夹紧,沿新板件切割缝划线,如图17-9所示。也可在新旧板件重叠的部分进行双层同步切割,切割缝拼接更整齐,如图17-10所示。

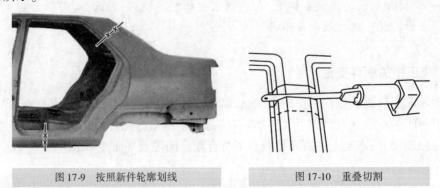

图17-9　按照新件轮廓划线　　　　　图17-10　重叠切割

(3)取下新板件,按照划线位置切割,用气动点焊钻钻除车身焊点,如图17-11所示。

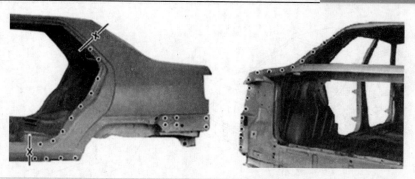

图17-11 车身侧方、后方焊点位置

不要损坏内层板件及加强板。

（4）拆除旧板件，大致整理车身板件残余变形，清除板件贴合边上的残余密封胶，便于新板件装合。

6 新件装合

（1）将准备好的后侧围板新件安装到车身上，用大力钳夹紧贴合边，不便于夹持大力钳的部位，可钻出小孔安装自攻螺钉进行临时定位，如图17-12所示。

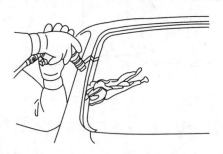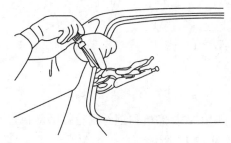

图17-12 新板件定位

（2）安装行李舱盖，检查新板件与相关各板件的配合状况，修整内外层板件的配合间隙，必要时调整安装位置，直至检查点"13""14""15"均符合配合要求，如图17-13所示。

（3）按照任务十六——车身侧方覆盖件调整方法安装后车门锁扣，直至检查点"d""e""f""g"均符合配合要求。

（4）装合后风窗玻璃，检查后风窗安装位置。

7 接缝内衬加强板准备

按照板件接缝轮廓制作内衬加强板，便于新板件安装定位与焊接，图17-14所示为门槛纵梁内部焊接加强板。

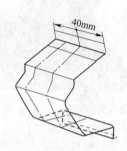

图17-13　检查调整　　　　　图17-14　门槛纵梁内部焊接加强板

8　板件预处理

（1）修整所有板件贴合边的变形，使新旧板件能贴合紧密，尽量使用木槌，避免板件延展变形，如图17-15所示。

（2）如果采用电阻焊焊接贴合边，在新板件贴合边处平均分配焊点位置，用记号笔标记，如果采用气体保护焊焊接贴合边，则需要在标记处加工塞焊孔，如图17-16所示。

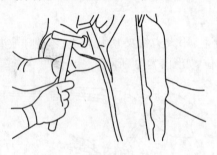

图17-15　修整板件贴合边　　　　图17-16　加工塞焊孔

（3）用带式打磨机和钢丝刷轮打磨新板件与车身贴合面，去除残余焊点、密封胶及表面涂层，如图17-17所示。

（4）焊前防腐处理，在打磨好的贴合边处喷涂冷镀锌喷剂或刷涂锌粉漆，如图17-18所示。

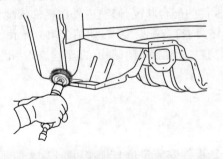
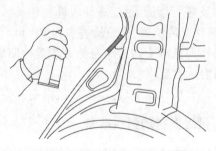

图17-17　打磨板件贴合面　　　　图17-18　贴合边处喷涂冷镀锌喷剂

9 组装接缝内衬加强板

将接缝内衬加强板插入车身接缝一半,用大力钳固定,焊接塞焊点,如图17-19所示。

10 焊接后侧围板新件

(1)再次装合后侧围板新件,确认配合无误后,焊接所有贴合边焊点,分段焊接板件接缝。

(2)若不使用接缝内衬加强板,用小号一字螺丝刀调整缝隙平面度,采用定位点焊的方式定位板件,再分段焊接,如图17-20所示。

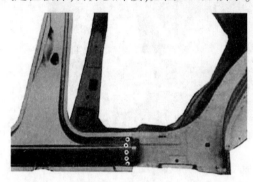

图17-19 接缝内衬加强板塞焊

图17-20 调整缝隙平面度定位点焊

11 焊接车顶板

按照上述流程进行板件预处理,采用电阻焊机和气体保护焊机进行焊接。

12 防腐、密封处理

焊点焊缝打磨平整,如图17-21所示。按照工艺要求进行防腐、密封处理,具体操作详见后续章节。

13 隔音、减振处理

按照工艺要求进行防腐、密封处理,如在车顶板和后翼子板内表面粘贴隔音垫,在空腔内装填空腔发泡剂,具体操作详见后续章节。

14 涂装作业(略)

15 后风窗玻璃安装(略)

16 相关部件安装(略)

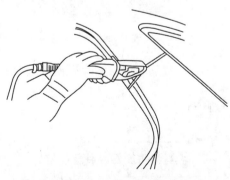

图17-21 打磨焊缝

引导问题3　铝质车身后侧围总成更换的基本流程是怎样的?

本环节以一台完好的车身模拟演示铝质车身后侧围总成更换的基本流程。素材来源于BMW。

(1) 后侧围新备件及预制加强板,如图17-22所示。

(2) 检索厂家技术资料,确定具体更换范围,如图17-23所示。

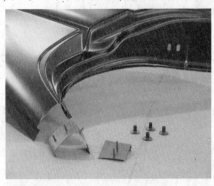
图17-22　后侧围新备件及预制加强板

图17-23　确定具体更换范围

(3) 确定切割位置,标记切割线,如图17-24所示。

(4) 用气动锯切割,如图17-25所示。

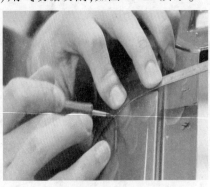
图17-24　标记切割线

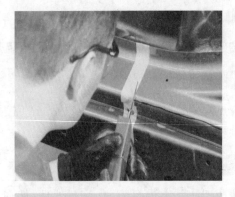
图17-25　用气动锯切割

(5) 用气动点焊钻钻除更换范围内所有的电阻焊点,如图17-26所示。

注意

不要损伤底层板件。

(6) 用扁铲分离面板,取下旧面板,如图17-27所示。

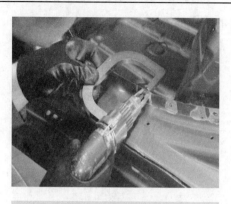
图17-26 钻除电阻焊点

图17-27 分离面板

(7)切割后侧围新备件,如图17-28所示。

(8)去除板件接缝残余密封胶,打磨底层板件焊点残余金属,如图17-29所示。

图17-28 切割后侧围新备件

图17-29 打磨焊点残余金属

(9)打磨车身及后侧围新备件切割缝上的毛刺,插入预制加强板,在固定螺钉处做标记,如图17-30所示。

(10)取下预制加强板,用带式打磨机磨出固定螺钉的安装缺口,再将预制加强板安装到车身切缝上,如图17-31所示。

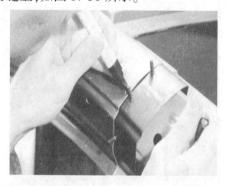
图17-30 标记预制加强板固定螺钉位置

图17-31 安装预制加强板

(11)装合后侧围新备件,用大力钳临时定位,如图17-32所示。

（12）用间隙量规检查后侧围板与其他板件的配合间隙，如图17-33所示。

图17-32　装合后侧围新备件

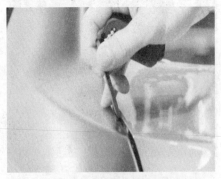
图17-33　用间隙量规检查配合间隙

（13）用记号笔在板件贴合边标记铆钉位置，如图17-34所示。

（14）在安装抽芯铆钉的标记处钻孔，如图17-35所示。

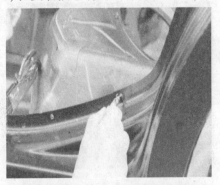
图17-34　标记铆钉位置

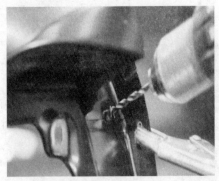
图17-35　加工铆钉孔

（15）拆卸装合板件，打磨钻孔毛刺，用吸尘器清理空腔内的金属碎屑，如图17-36所示。用沾有脱脂剂的无纺布彻底清洁车身、后侧围新备件及预制加强板。

（16）在预制加强板上施涂双组分高强度粘结剂，如图17-37所示。涂刮均匀后安装到车身接缝处。

图17-36　清理空腔内的金属碎屑

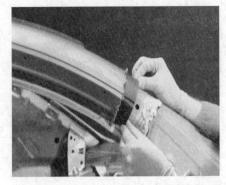
图17-37　安装预制加强板

（17）在车身所有板件贴合边处施涂粘结剂，将新侧围板安装到车身上，如图17-38所示。

（18）铆接抽芯铆钉，如图17-39所示。

图17-38　安装新侧围板

图17-39　铆接抽芯铆钉

（19）在板件贴合边铆接自冲式铆钉，如图17-40所示。图17-41所示为自冲式铆钉的铆接过程。

图17-40　铆接自冲式铆钉

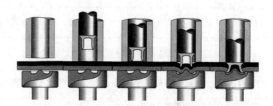

图17-41　自冲式铆钉的铆接过程

（20）待粘结剂固化，切割预制加强板的固定螺钉，用软质砂碟打磨接缝中溢出的粘结剂，如图17-42所示。用带式打磨机在接缝处磨出平滑的浅槽；对接缝区域进行清洁、脱脂。

（21）调和铝板专用腻子，涂刮接缝，如图17-43所示。

图17-42　打磨溢出的粘结剂

图17-43　涂刮专用腻子

（22）用红外烤灯烘烤固化，如图17-44所示。

（23）打磨平整，如图17-45所示。

图17-44 红外烤灯烘烤固化

图17-45 打磨平整

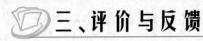

三、评价与反馈

(1)对本学习任务进行评价,评价内容见表17-1。

实训教学课题卡(十七)　　　　　　　　　　　　　　　表17-1

专业		班级		学生		学号	
课题号	课题名称	时数	分课题号		分课题名称		时数
17-1	箱型件制作及板件分离						
实训内容	制作模拟箱形组件,以电阻焊焊接后,按照要求对箱型组件进行划线、电阻焊点分离、切割						
教学组织与工位分配	(1)整队进入实训场地; (2)课前、课后点名; (3)按照课题作业防护要求着装; (4)课前强调组织、纪律及安全注意事项 工位分配:设立2~4个工位,以小组为单位完成课题任务						
课前准备	工具、设备:钳工台(含台虎钳)、钢尺、划针、气动锯、气动焊点钻、电阻焊机、二氧化碳气体保护焊机、相关防护用品 材料:模拟车身多层板组件						
说明	本课题要求以小组为单位,通过轮换独立操作,巩固相关知识点、掌握基本操作流程、提高钻孔及切割操作技能;指导教师对学生进行巡视和指导						
考核评分标准		考核办法		操作( ) 答辩( )		时限	min

续上表

序号	操作步骤及技术要求	配分	评分细则	考核记录			
				自评	小组互评	教师评价	小计
1	个人防护 各操作环节做好相应防护	10	(1)没有穿工作服扣2分； (2)操作时不戴防护手套扣2分； (3)操作时不戴护目镜扣2分； (4)焊接时不戴防护面罩扣2分				
2	电阻焊质量 焊点中心与划线中心对正	20	(1)偏差>1mm每个扣0.5分； (2)质量瑕疵每个扣0.5分				
3	钻孔质量 钻孔与切割不损伤底板；钻孔不偏斜	20	(1)损伤底板每处扣1分； (2)钻孔偏斜每个扣1分				
4	切割质量 切缝整齐不歪斜	30	切割偏差>1mm每1cm长度扣1分				
5	工作态度及劳动纪律	10	(1)工作态度不端正扣5分； (2)违反劳动纪律,此项不得分				
6	安全防范措施,场地清理	10	(1)场地不干净扣5分； (2)有安全隐患,不清理场地扣10分				
总分		100					
教师签名：			年　　月　　日			得分：	

(2)完成本学习任务以后,还有哪些相关问题?

四、学习拓展

(1)铝质车身板件的基本联接形式有哪些?

(2)铝质车身板件变形后,除了以粘接—铆接的形式进行板件更换,还有其他更换(联接)形式吗?

学习任务十八

激光焊接车顶板更换

学习目标

完成本学习任务后,你应当能:
1. 了解激光焊接的特点;
2. 了解激光焊接在车身制造中的具体应用;
3. 掌握激光焊接车身板件的基本更换方法及工艺要求;
4. 明确高强度结构胶的基本特性及使用要求;
5. 掌握激光焊接车顶板的更换流程。

 建议完成本学习任务的时间为 12 课时。

 学习任务(情境)描述

一辆雪铁龙-C4L 轿车,车顶板在停放期间被高空坠物损伤。经检查,其他部件均完好,而车顶板受损较严重,需要对该车的车顶板进行更换。该款型车身车顶板部件采用激光焊接。

一、资料收集

引导问题 1 车身激光焊接工艺有什么特点?

(1)激光焊接可将不同厚度和不同表面镀层的金属板对接成一体,然后再进行冲压成型,焊接过程不用添加熔敷材料,可以减少对接板件的搭接宽度和一些加强部件,还可以压缩车身结构件本身的体积,仅此一项车身的质量可减少 50kg 左右。如有些车身的纵梁,前后段材料厚度不同,前段采用较薄的材料用于吸能区设计,后段材料相对较厚,形成强度较高的纵梁基础,引导外力在车身结构中安全传递。

(2)相对于其他焊接形式来说,激光焊接加工精度高,焊接速度快,产生的温度更集中,焊接热变形少到几乎可以忽略,省去了二次加工。

(3)激光焊接技术能保证板件达到分子层面的接合,有效提高了车身的刚度和碰撞安全性,同时有效降低了车内噪声。

(4)焊缝深宽比高,相对焊接熔深较大焊缝强度更高。

(5)激光焊接为非接触焊接,不受加工空间限制,不会带来任何磨损,而且能长时间稳定地工作,焊接效率高。

(6)焊缝窄,表面无堆积,免去了焊后清理工作。

(7)焊缝密封性好,如有些车身的车顶板,与车身侧围件(车顶纵梁外板)的纵向连接整体采用激光焊接,如图18-1所示。

因激光焊接设备及其相关系统的成本较高,一次性投资较大,通常适用于汽车制造生产线,而不适合汽车维修企业使用。

图18-1 车顶激光焊缝

引导问题2 车身激光焊接板件与电阻焊焊接板件维修方法有什么区别?

电阻焊是利用电流通过焊件接触处所产生的电阻热,将焊件局部加热到塑性或熔化状态,在压力下形成焊接接头的焊接方法,分为点焊、缝焊和对焊等。车身电阻焊通常为电阻点焊,每个焊点之间是不连续的,焊缝密封性差;分离焊点可以将整块板件从车身结构上取下进行维修或更换,以电阻点焊或气体保护焊-塞焊的方式焊接新板件。

车身激光焊接的焊缝是连续的,焊缝密封性好;只能采取切割、打磨的方式取下旧板件,旧板从车身结构上分离后不可再次使用,新板件推荐使用高强度粘结剂黏结的方式替代原有激光焊缝,如图18-2所示。本环节所涉工艺及材料均来自汉高-泰罗松,粘结剂型号为Terokal 5045,设计为双组分一体式包装,不同组分在混胶嘴内自行混合,如图18-3所示。粘结剂使用混合比为1∶1,在环境温度为23℃时的处理时间为90min,6h后初始强化,3天后最终强化。

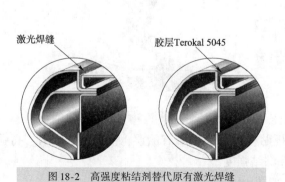

图18-2 高强度粘结剂替代原有激光焊缝

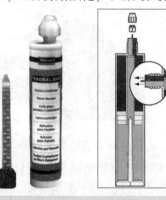

图18-3 Terokal 5045及包装剖视图

二、实 施 作 业

> **引导问题3**　车身激光焊接车顶板的更换流程是怎样的?

1 相关部件拆卸

(1)按照车辆维修工艺要求,拆卸车顶内饰板及影响操作的所有零部件,车顶板与车顶前横梁及车顶后横梁之间需要用电阻点焊或气体保护焊-塞焊进行焊接,需充分考虑焊接工艺(高温及焊接飞溅等)对车身部件的影响。

(2)拆卸车身前后风窗玻璃,暴露车顶板与车顶前横梁及车顶后横梁之间的电阻焊焊点,如图18-4所示。

(3)断开蓄电池负极。

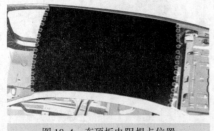

图18-4　车顶板电阻焊焊点位置

2 分离车顶板旧件

(1)用气动点焊钻钻除车顶板与车顶前横梁及车顶后横梁之间的焊点,如图18-4所示。车顶前后横梁需保留,钻除焊点时尽量保持底板的完整。

(2)在距离原有激光焊缝"A"处做标记保留切割余量,避免损伤侧围板(A≈10mm),用砂轮机配合切割片进行切割,取下车顶板旧件,如图18-5所示。注意切割深度,不要损伤内层板件。

3 车身准备

(1)用砂轮机将"A"处完全磨除,并磨除原有激光焊缝及残留在侧围板上的车顶板贴合边,如图18-6所示。注意不要损伤侧围板。

图18-5　保留切割余量　　　　图18-6　磨除激光焊缝及车顶板贴合边

(2)用钢丝刷轮磨除侧围板与车顶板贴合边范围的所有涂层,如图18-7所示。高强度粘结剂要求直接涂施于金属表面,以确保粘结强度。

(3)清除车顶横梁上的残余钣金胶,如图18-8所示。

图18-7 打磨侧围贴合边涂层

图18-8 清除残余钣金胶

（4）用钢丝刷轮磨除车顶前后横梁贴合边上的涂层，露出金属本质，如图18-9所示。

4 新板件准备

（1）用钢丝刷轮磨除车顶板、侧围板及车顶前后横梁贴合边范围的所有涂层，如图18-10所示。注意不要损伤板件金属。

图18-9 打磨车顶横梁贴合边涂层

图18-10 磨除新车顶板贴合边涂层

（2）如需采用电阻点焊的方式焊接，在车顶板新件与车顶前后横梁贴合边处平均分配焊点位置，并做好标记；如需采用气体保护焊-塞焊的方式焊接，在标记处加工塞焊孔。

（3）使用推荐的脱脂剂 cleaner FL 对打磨好的贴合边进行脱脂处理，将沾有脱脂剂的无纺布顺着一个方向擦拭，禁止往复擦拭，避免二次污损。

（4）在车顶板与车顶前后横梁贴合边处喷涂锌粉漆，做焊前防腐。

（5）装合新车顶板，做好定位标记。

5 粘结

本环节以小块成型钢板模拟车身侧围板与车顶板，演示施胶及粘结过程，如图18-11所示，图中左侧板件为模拟侧围板，右侧为模拟车顶板。

图18-11 模拟车身侧围板与车顶板

(1)打磨板件贴合边后,使用推荐的脱脂剂对所有施胶点进行清洁及脱脂处理,如图 18-12 所示。待板件表面溶剂完全挥发(10~15min),可进行施胶。

(2)高强度粘结剂有一定流动性,在粘结边附近一定距离垂直施涂一条玻璃胶,防止多余的粘结剂流淌,如图 18-13 所示。

图 18-12　清洁、脱脂处理

图 18-13　垂直施涂玻璃胶

(3)在车顶横梁上去除残余钣金胶原处涂施新钣金胶。

(4)粘结剂前处理

①拧开粘结剂包装瓶上螺母盖环,如图 18-14 所示,取下瓶口的塑料盖,如图 18-15 所示。

图 18-14　拧开盖环

图 18-15　取下瓶口盖

②将粘结剂包装瓶装入施胶枪,在安装胶嘴之前,先挤出少量的胶体,直至黑白两种成分出来的量相等,确保后期不同组分混合均匀,如图 18-16 所示。

③安装混胶嘴,并用螺母环固定,如图 18-17 所示。

④充分混合的胶体呈灰色,为避免初始混合比不均匀,在废弃的纸张或无纺布上挤出初始的粘结剂约 10cm 丢弃,确保施涂在板件上的胶体混合均匀,如图 18-18 所示。

图 18-16　挤出少量的胶体

图 18-17　安装混胶嘴

图 18-18　丢弃约 10cm 长度的初始混合胶体

⑤提前预热可以降低胶体的黏度,使施胶作业更容易,而且胶体的固化速度更快。

(5)施胶。

施胶方法一:

①在侧围板及车顶板贴合边分别施涂少量粘结剂,如图 18-19 所示。

②用小木板刮平粘结剂，确保贴合面被完全覆盖并涂抹均匀，如图18-20所示。

图18-19　施涂粘结剂　　　　　图18-20　将粘结剂涂抹均匀

施胶方法二：
①在垂直施涂的玻璃胶与侧围板形成的沟槽内填满粘结剂，如图18-21所示。
②车顶板新件贴合边空置不施胶。

（6）将车顶板新件按照装合时标记的位置安装定位，适当施压固定车顶板（3~5N），让缝隙中多余的粘结剂自然溢出，如图18-22所示。粘结胶层的厚度越薄，最终的粘结强度越高，最佳粘结间隙为0.1~0.3mm。

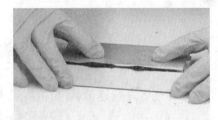

图18-21　沟槽内填满粘结剂　　　　　图18-22　车顶板新件安装定位

（7）用小木板刮除溢出缝隙的粘结剂，如图18-23所示。
（8）用沾有脱脂剂的无纺布擦除溢出缝隙外的残余粘结剂，使缝隙表面均匀整齐无多余残留，如图18-24所示。

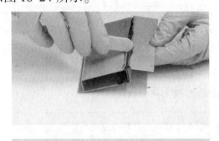

图18-23　刮除多余粘结剂　　　　　图18-24　擦除溢出缝隙外的残余粘结剂

（9）将粘结区域加热至60~100℃，这样比常温固化更快速，2h后方可进行下一步处理。

6　焊接

以电阻点焊或塞焊的方式在车顶板新件的焊接标记处进行焊接，如图18-25所示。

7 防腐、密封及隔音处理

(1)在车顶板四角施涂密封胶,如图 18-26 所示,进行必要的防腐处理。

(2)按照维修工艺要求,在规定位置粘贴隔音垫,如图 18-27 所示。

图 18-25 车顶板前后贴合边焊接

图 18-26 施涂密封胶

图 18-27 粘贴隔音垫

8 涂装作业(略)

9 部件安装(略)

三、评价与反馈

(1)对本学习任务进行评价,评价内容见表 18-1。

实训教学课题卡(十八) 表 18-1

专业		班级		学生		学号	
课题号	课题名称	时数	分课题号	分课题名称			时数
18-1	激光焊接车顶板更换						
实训内容	制作模拟车顶板结构的小型组件,进行板件前处理、粘结剂涂装及板件粘结操作,熟悉操作流程						
教学组织与工位分配	(1)整队进入实训场地; (2)课前、课后点名; (3)按照课题作业防护要求着装; (4)课前强调组织、纪律及安全注意事项 工位分配:设立 1~2 个工位,以小组为单位完成课题任务						
课前准备	工具、设备:手动或气动胶枪、气动角向砂轮机(配套砂轮片及钢丝刷轮)、铲刀、相关防护用品 材料:模拟车顶板组件、汉高-泰罗松 Terokal 5045 粘结剂、玻璃胶、砂纸、清洁剂、无纺布						
说明	本课题要求以小组为单位,通过实际操作、讨论,巩固相关知识点;指导教师对学生进行巡视和指导;可安排小组集中展示,培养团队协作能力及语言表达能力						
考核评分标准		考核办法		操作( ) 答辩( )		时限	min

续上表

序号	操作步骤及技术要求	配分	评分细则	考核记录			
				自评	小组互评	教师评价	小计
1	准备工作 穿好工作服;戴防护手套	20	(1)没有穿工作服扣5分; (2)操作时不戴防护手套扣5分; (3)处理溶剂时不戴口罩扣5分; (4)不戴橡胶手套扣5分				
2	安全规范 遵守相关指令,不做无关操作	10	操作时不遵守相关指令每次扣5分				
3	预处理 打磨涂装面;表面清洁	20	(1)打磨不彻底每处扣5分; (2)往复涂擦清洁剂每次扣5分				
4	施胶 施涂玻璃胶及高强度粘结剂	20	(1)玻璃胶不整齐、连贯扣5分; (2)粘结剂涂抹不均匀扣5分,不连贯扣10分				
5	表面残胶处理 清理粘结缝多余胶体至表面干净平滑	10	表面处理不到位酌情扣5~10分				
6	工作态度及劳动纪律	10	(1)工作态度不端正扣5分; (2)违反劳动纪律,此项不得分				
7	场地清理	10	(1)场地不干净扣5分; (2)不清理场地扣10分				
总分		100					
教师签名:			年　　月　　日	得分:			

(2)完成本学习任务以后,还有哪些相关问题?

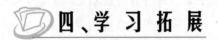

四、学习拓展

(1)查阅资料,东风雪铁龙现有哪几款车型采用激光焊接技术焊接车顶板?
(2)激光焊接技术通常还被应用于车身的什么部位?

项目六 车身表面处理

学习任务十九

车身防腐密封

学习目标

完成本学习任务后,你应当能:
1. 了解车身板件腐蚀的原因;
2. 明确车身维修过程中的防腐事项;
3. 明确车身维修过程中的防腐密封作业项目;
4. 明确各种防腐密封材料的作用特点及使用要求;
5. 掌握车身防腐密封基本工具、设备的使用方法。

 建议完成本学习任务的时间为12课时。

 学习任务(情境)描述

一辆爱丽舍轿车的左前侧及左后侧在行驶过程中发生碰撞。经过修复及局部板件更换以后,需要对维修区域进行防腐及密封(恢复)处理。

一、资料收集

引导问题1 车身腐蚀的原因是什么？

钢材是传统车身材料，很容易受到环境的影响而生锈，锈蚀会影响车身外观，还会降低车体强度，影响车身结构的安全性，并缩减车辆的使用寿命。锈蚀主要由氧气和水汽造成，这些造成车身锈蚀的因素在自然界无孔不入，在钢板表面镀锌是一种比较好的防锈工艺，可以有效改善车身钢板的抗腐蚀能力，很多易腐蚀的关键部位甚至采用双面镀锌材料。但车身金属部件是将镀锌板进行裁剪、冲压成型，再将若干大小不同、形状各异的板件焊接形成车身框架，板件的剪切口处没有防锈处理，焊接也会对板件表面的防锈镀锌层产生破坏，如雨水进入到车身的空腔中不易排出，随着温度的改变蒸发为水蒸气会散布到板件的接缝之中，使钢板从结构内部腐蚀，因此，在板件连接的部位还需要进行额外的密封，以防止水分和湿气渗入连接间隙中。车身生产厂家通常以电泳的方式为车身进行防腐处理，将车身整体浸入液态防腐涂料，让车身的每个角落都被防腐涂料覆盖；在板件接缝处施涂密封胶，在空腔内喷涂腔体防腐蜡，进一步减少金属材料腐蚀的机会。

车辆在使用过程中会有很多因素造成车身锈蚀。如车轮高速旋转时容易带起小石子，如果砸在板件上很容易造成涂层脱落，使金属暴露在腐蚀环境中，而酸雨和融雪盐的使用会加速金属材料的腐蚀；车身在发生碰撞的过程中，较大的碰撞力使车身结构产生整体变形，会导致部件表面的防腐层开裂或脱落；维修过程中的打磨、切割、加热和焊接等操作都会使原有防腐措施失效，引起锈蚀。因此，防腐密封处理对于车身制造和维修都是非常重要的环节。

引导问题2 车身维修过程中的防腐事项有哪些？

（1）在焊接时清除涂层的面积要尽量小，尽量少去除油漆涂层。

（2）除修理的零件外，不要刮伤其他板件的保护层；如果意外地刮伤了，就要采取补救防腐措施。

（3）对板件夹紧或固定时，夹具会刮伤板件的防腐涂层，修理完毕后要对这些部位进行防锈蚀处理。

（4）磨削、切削或焊接板件时，在其邻接的油漆表面及周围区域盖上保护罩以防止火焰或金属屑导致防腐涂层损坏。

（5）用纸胶带把车身的门槛及类似部位的任何开口处盖好以免在磨削、切削或焊接时进入金属屑，影响板件的防腐。

（6）车身内的金属屑，可使用真空吸尘器清理，但不要试图使用压缩空气将其吹出来，压缩空气会把铁屑吹到角落并堆积。

引导问题3　车身维修作业中有哪些防腐密封处理项目？

1 损伤板件表面镀锌

用于车身覆盖件维修后重建表面镀锌层，附着力强，但不便于结构内部防腐施工。东风雪铁龙车身维修工艺要求，维修过程中被破坏的板面镀锌层，在板件维修完毕以后必须重新镀锌。

2 冷镀锌

可在常温条件用喷涂方式实现锌保护，通常用于镀锌板切口和镀层损坏部位的恢复处理；喷涂在板件贴合边可用于焊前防腐。

3 喷涂防石击涂料

用于车身底盘、门槛板、车门及保险杠下部等容易被飞石击伤的部位，喷涂后表面粗糙，但弹性较高吸振性好，有一定的隔音降噪作用。

4 板件接缝施涂密封胶

用于车身修复区域板件接缝之间的密封，有挤涂型、喷涂型和刷涂型可供选择，品类多适用范围广。部分产品可用于焊前密封防腐，在安装前施涂于板件焊接凸缘（电阻点焊），不影响正常焊接。

5 喷涂空腔防腐蜡

用于车身修复区域空腔内喷涂防腐蜡，扩散性良好、能迅速渗透，抗湿气及排水性佳，能透过锈层防止继续生锈。

引导问题4　车身维修相关防腐密封处理需要使用哪些工具、设备及材料？

1 镀锌仪组件

镀锌仪组件主要由镀锌仪主机、正负极输出电缆、衬垫支座及石墨电极安装接头、不同直径的石墨衬垫（正极）和不同尺寸的正电极的罩布组成，如图19-1所示。

以下工艺及材料均来自汉高-泰罗松。

2 冷镀锌喷剂

自喷型内压喷罐，如图19-2所示。可喷涂在板件贴合边用于焊前防腐，不影响焊接（电阻点焊和气体保护焊），也可用于不便于镀锌施工的板件内侧，以及局部更换板件接缝处的防腐处理，使用方便快捷。

3 底盘胶喷枪

用于喷涂罐装防石击涂料，直接与喷涂罐口螺纹连接，虹吸管可直达喷涂罐底部，提高底盘胶利用率,如图19-3所示。正常使用气压为0.3~0.5MPa。

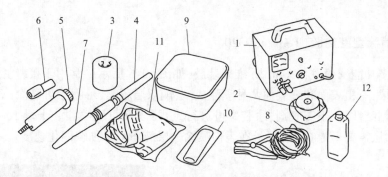

图19-1 镀锌仪组件

1-镀锌仪(电源电压:220V;次级电压:12V);2-直径为φ100mm的石墨电极(用于处理大面积表面);3-直径为φ50mm的石墨电极(用于处理中等平面);4-直径为φ13mm的石墨电极(用于处理小面积表面以及难以触及的狭窄部位);5-用于直径为φ50mm与φ100mm石墨电极的衬垫支座;6-用于直径为φ50mm与φ100mm石墨电极的接头;7-用于φ13mm石墨电极的套轴;8-长约3m的输出电缆(红色为"+"极,黑色为"-"极);9-塑料容器(用于盛装镀锌溶液);10-用于φ13mm石墨电极的罩布;11-用于φ50mm与φ100mm石墨电极的罩布;12-镀锌液

4 喷涂型防石击涂料(Terotex Record 2000)

又称底盘防撞疙瘩漆,具有高耐磨性、高耐老化性能,弹性较高吸振性好。有内压自喷型和外压型包装,外压型配合底盘胶喷枪使用,如图19-4所示。可以多次喷涂增加厚度,表面可以喷漆。

图19-2 自喷型内压喷罐

图19-3 底盘胶喷枪

图19-4 喷涂型防石击涂料

5 多功能气动施胶枪

可喷涂型密封胶的专用施涂工具,使用时需要外接高压气源,枪体有两个气压调节旋钮,如图19-5所示。后方红色旋钮控制内层胶嘴出胶量,前方蓝色旋钮控制外层气嘴出气量,施涂310mL标准桶装喷涂型密封胶时,配合其双层胶嘴使用,在出胶量和出气量的不同配合比例下,可形成不同宽度、不同厚度及不同表面颗粒度的喷涂效果。完全关闭蓝色旋钮

时，还可以应用于其他类型310mL标准桶装胶及软包装胶的施工，如玻璃胶、各种类型的钣金胶等。

6 可喷涂型密封胶（Terostat 9320）

四合一多功能密封胶，310mL标准罐装胶，如图19-6所示。常用于接缝密封，能够恢复原厂喷涂效果；有粗表面和细表面两种喷涂成型，配双层胶嘴，可喷涂可刷涂；对大多数材料具有优良的粘结性能，不需底剂；涂装后可进行点焊；表面可以喷漆。干燥10~20min可喷漆，较厚的涂层需要干燥6h，可通过在表面喷涂一层纯净水来加快固化速度。

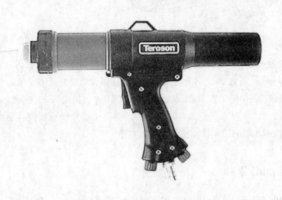

图19-5 多功能气动施胶枪

图19-6 可喷涂型密封胶

7 手动施胶枪

应用于150mL、310mL标准罐装胶及软包装胶的施工，如玻璃胶、各种类型的钣金胶等，如图19-7所示。

8 车身密封胶（Terostat 9100）

图19-8所示为310mL标准罐装胶，用于粘结和密封，柔性不腐蚀，湿气固化，干燥后不收缩塌陷，表面干燥后可以喷漆。配专用蝶形胶嘴，如图19-9所示，可根据施涂尺寸需要自由切割，方便在各种宽度和厚度的门边、发动机舱盖以及行李舱盖等双层板扣边结构上施涂密封胶，使胶痕整齐均匀，如图19-10所示。

图19-7 手动施胶枪

图19-8 Terostat 9100车身密封胶

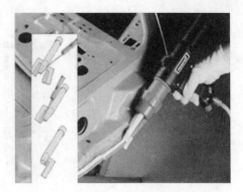

图 19-9　蝶形胶嘴　　　　图 19-10　蝶形胶嘴门边施胶

9 粘结型密封胶（Terostat-9200）

图 19-11 所示为 310mL 标准罐装胶，适用于车身改装件的粘结安装。高稳定性，优良的弹性，永久性粘结金属和塑料；柔性胶层，在油漆表面有优良的粘结性能，不腐蚀；湿气固化，表面可以喷漆。

10 改性硅烷密封胶（Terostat-9120）

图 19-12 所示为 310mL 标准罐装胶，通常用于电阻焊贴合面涂装。快速表干，不收缩；优良的耐紫外线性能；可以点焊，可以在湿表面进行喷漆。

图 19-11　Terostat-9200 粘结型密封胶　　　图 19-12　Terostat-9120 改性硅烷密封胶

11 内腔保护蜡喷枪

如图 19-13 所示。所有用于维修的车身板件都没有进行喷蜡处理，维修后必须在内腔和接缝背面进行喷蜡防腐，以恢复原厂防锈性能。使用时需要外接高压气源，正常使用气压为 0.6MPa，常用部位：车门、前后翼子板、大梁、车身柱、门槛梁等。

12 内腔保护蜡（Terotex-HV 350、HV 400）

低黏度，雾化效果好；低垂流性；良好的耐温性能与渗透性能（2h 内 200 mm）。提供伸缩式喷雾管，便于喷涂各种车体腔室。有外压型和内压自喷型包装，外压型配合内腔保护蜡喷枪使用，如图 19-14、图 19-15 所示。

13 开瓶器

用于开启标准罐装胶的罐体封口，如图 19-16 所示。

图 19-13　内腔保护蜡喷枪　　　图 19-14　外压型　　　图 19-15　内压自喷型

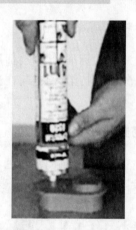

图 19-16　开瓶器的使用

二、实 施 作 业

引导问题 5　车身维修基本防腐密封处理操作流程是怎样的？

1　板件镀锌

（1）镀锌仪电源线连接至 220 V 电源插座。

（2）黑色电缆（地线）连接在零件与镀锌仪的负极端子（黑色）之间；红色电缆连接在衬垫支座与镀锌仪的正极端子（红色）之间。

（3）按需要选择合适直径的石墨电极，把所选电极罩布安装到石墨电极②、③或④上，用水润湿罩布，有利于罩布浸渍镀锌溶液。

（4）石墨电极拧到衬垫支座上。

(5)将少量镀锌液倒入塑料容器中,将带有罩布的石墨电极浸入镀锌液中。

(6)电流调节器电位计调至6挡位置。

(7)将浸透镀锌液的石墨电极轻压在板面上反复移动,在镀锌过程中,电流表指示20A,该挡位可确保均匀镀锌。扫镀期间不得停顿,板面变色即为锌镀成功。镀锌层厚度必须达到10μm(微米),为了使沉淀物达到10μm(微米)厚,必须对面积为1dm²(平方分米)的表面累计扫镀2min左右。

(8)用水冲洗残余镀锌液,用1000号或1200号砂纸抛光,擦净,干燥。

抛光处理以后如果不立即进行表面涂装作业,镀锌层表面会很快氧化,在涂装作业前必须重新抛光。对于不便于镀锌操作的部位,可用其他防腐材料进行喷涂或刷涂。

2 冷镀锌喷剂的使用

(1)清除板件表面油污、灰尘、盐分、浮锈、水分等污染物,将板件表面打磨粗糙。

(2)摇动罐体,待罐内发出撞击声继续摇动1min左右,使物料充分混合均匀。

(3)距离涂装面约20cm,根据需要来回均匀快速喷涂,直至完全覆盖。

(4)如罐内冷镀锌喷剂一次未喷完,将罐体倒置,压下喷头3s,使内置导管排净,以防堵塞喷嘴影响下次使用。

注意事项:

①保持施工场所通风干燥,不要在雨雾天气及低于5℃的环境下施工。

②喷涂时必须保持容器与水平面夹角不小于45°。

③远离热源与明火,施工时严禁吸烟。

④勿在高温条件下存放,严禁刺破和焚烧容器。

⑤施工时采取涂料施工的一般防护措施,如不慎接触皮肤,用大量水冲洗。

3 防石击涂料的喷涂

(1)彻底清洁施涂表面,除去污染物、油脂及残余的防护蜡。

(2)清除锈蚀点的锈斑。

(3)对非喷涂区域进行必要的遮蔽。

(4)使用前充分摇动容器罐,使内部物料均匀。

(5)开启罐体包装盖,直接安装到底盘胶喷枪的螺纹连接口上,如图19-17所示。

(6)保持距离约30cm喷涂,最佳喷涂厚度为1.5mm以上。

(7)喷涂结束,拆下罐体,扣动扳机到最大限度,排空探针和喷嘴。

(8)将喷枪和喷嘴浸入溶剂中,彻底清洗喷枪,避免堵塞,如图19-18所示。

图 19-17　安装喷枪　　　　　图 19-18　浸洗喷枪

内压自喷型包装,使用前摇动罐体 5min,使胶体均匀,按施工要求喷涂。如一次未喷完,将罐体倒置,压下喷头 3s,使内置导管排净,以防堵塞喷嘴影响下次使用。

4　四合一多功能密封胶的喷涂

（1）清洁施工表面,确保施涂区域干燥、无油脂。使用砂纸或无纺质磨料对作业面进行适当打磨,能够提高粘结性能。

（2）使用开瓶器开启罐体底盖和出胶孔,取出罐内的干燥剂。

（3）将内层胶嘴装到出胶孔上并拧紧,如图 19-19 所示。

（4）将罐体装入施胶枪内,拧紧蓝色的专用罩盖,如图 19-20 所示。

图 19-19　安装内层胶嘴　　　　　图 19-20　安装罐体

（5）将外层气嘴装到罩盖上并拧紧,如图 19-21 所示。

（6）调整进气压力不低于 0.7MPa,右侧红色旋钮控制内胶嘴出胶量,左侧蓝色旋钮控制外层气嘴出气量,如图 19-22 所示,根据涂装尺寸需要进行调节。

（7）胶枪垂直于涂装面,保持距离约 4cm,沿板件缝隙匀速移动,如图 19-23 所示。

　　　　　　　　　　　　　雾化程度调节　　出胶量调节

图 19-21　安装外层气嘴　　图 19-22　喷涂气压调节旋钮　　图 19-23　施涂间距

5 内腔保护蜡的喷涂

(1)喷涂之前,用压缩空气吹洗腔室,尽量保持施涂空腔干净和干燥。

(2)拉出安全带,并固定到位;取下腔体开口上的橡胶堵盖。

(3)将内腔保护材料从容器中倒入喷枪的压力罐中。

(4)使用钩状探针通过腔体开口进行喷涂,旋转探针来确保腔体内壁全部喷涂,如图19-24所示。持续喷涂直至通过排出孔可以看到涂料。

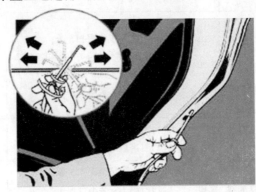

图19-24　旋转探针喷涂

(5)喷涂结束,拆下压力罐,扣动扳机到最大限度,排空探针和喷嘴。

(6)将喷枪和喷嘴浸入清洁剂中,彻底清洗喷枪。

内压自喷型包装,使用前摇动罐体5min,使罐内物料均匀,按施工要求喷涂。如一次未喷完,将罐体倒置,压下喷头3s,使内置导管排净,以防堵塞喷嘴影响下次使用。

三、评价与反馈

(1)对本学习任务进行评价,评价内容见表19-1。

实训教学课题卡(十九)　　　　　　　　　　　　　表19-1

专业		班级		学生		学号	
课题号	课题名称	时数	分课题号		分课题名称		时数
19-1	钢板表面镀锌						
实训内容	操作镀锌仪,在钢板表面进行镀锌操作,掌握镀锌仪使用基本流程						
教学组织与工位分配	(1)整队进入实训场地; (2)课前、课后点名; (3)按照课题作业防护要求着装; (4)课前强调组织、纪律及安全注意事项 工位分配:设立2~4个工位,以小组为单位完成课题任务						
课前准备	工具、设备:镀锌仪、盘式打磨机、抛光机、相关防护用品 材料:1000/1200号砂纸、镀锌液						

续上表

说明	本课题要求以小组为单位,通过轮换独立操作,巩固相关知识点、掌握基本操作流程;指导教师对学生进行巡视和指导						
考核评分标准			考核办法	操作( ) 答辩( )	时限		min
序号	操作步骤及技术要求	配分	评分细则		考核记录		
				自评	小组互评	教师评价	小计
1	个人防护	20	(1)没有穿工作服扣5分; (2)操作时不戴防护手套扣5分; (3)操作时不戴护目镜扣5分; (4)焊接时不戴口罩扣5分				
	各操作环节做好相应防护						
2	表面处理	10	(1)打磨不彻底扣5分; (2)打磨后不清理扣5分				
	打磨、清理板件表面						
3	设备使用	10	(1)线束连接错误扣5分; (2)石墨头安装不合理扣5分; (3)电流调节错误扣5分				
	正确连接线束;选择合适的石墨头进行安装;调整电流挡位						
4	操作过程	20	(1)不用水浸湿罩布扣5分; (2)操作方式不当造成刷镀不均匀每处扣5分				
	将罩布吸满镀锌液,操作石墨头在板面匀速移动;适时观察设备电流显示						
5	操作质量	20	(1)镀锌层不连贯每处扣5分; (2)抛光不到位每处扣2分; (3)不清洗扣10分				
	镀锌层连贯均匀;抛光清洗到位						
6	工作态度及劳动纪律	10	(1)工作态度不端正,扣5分; (2)违反劳动纪律,此项不得分				
7	安全防范措施,场地清理	10	(1)场地不干净扣5分; (2)有安全隐患,不清理场地扣10分				
总分		100					
教师签名:			年　月　日			得分:	

(2)完成本学习任务以后,还有哪些相关问题?

四、学习拓展

(1)使用多功能施胶枪喷涂 Terostat 9320,实现不同粒度的喷涂效果。
(2)分别使用内压自喷型和外压型防石击涂料进行喷涂,感受两者有什么区别。

学习任务二十

车身隔音降噪

> **学习目标**
>
> 完成本学习任务后,你应当能:
> 1. 了解车身隔音降噪的作用;
> 2. 明确车身维修作业中的隔音降噪作业项目;
> 3. 明确各种隔音降噪材料的作用特点及使用要求;
> 4. 掌握车身隔音降噪基本工具、设备的使用方法。

 建议完成本学习任务的时间为 12 课时。

 学习任务(情境)描述

一辆爱丽舍轿车的左前侧及左后侧在行驶过程中发生碰撞。经过修复及局部板件更换以后,需要对维修区域进行隔音降噪(恢复)处理。

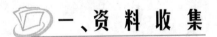

引导问题 1 车身隔音降噪有什么作用?

声音来源于振动,车辆在行驶时的发动机噪声、轮胎噪声、风噪,以及车身结构弹性变形产生的噪声,都会通过车身结构传导,使大面积的板件形成共振,而车身空腔会放大板件共振产生的噪声,汽车制造厂会以各种不同的方法来解决这些问题。隔音降噪的同时,还能改善隔热保温效果,提高空调的制热、制冷效率,改善车内音响效果,提高车辆的乘坐舒适性,但也在一定程度上增加了整车的自重。

基本降噪途径:减振,隔音,吸音,密封。

项目六 车身表面处理

引导问题2 车身维修作业中有哪些隔音降噪处理项目?

车身发生碰撞以后,各种隔音降噪措施会在碰撞以及修复过程中被破坏,车身维修环节所涉及隔音降噪作业主要是恢复其原厂状态,包括对车身底盘修复区重新喷涂防石击涂料,结构及面板更换区粘贴隔音板及吸音棉、填充内腔发泡剂等。

因制造成本问题,车身原始隔音降噪等级并非最高水平,不排除此方面的增值服务,对车辆隔音降噪不良的区域进行补强。

引导问题3 车身维修相关隔音降噪处理需要使用哪些工具、设备及材料?

本环节所涉及工艺及材料均来自汉高—泰罗松。

1 铝箔沥青贴片

产品型号为 Terodem SP 100 alu,如图20-1所示。50cm×25cm规格,用于车门内表面及其他内侧面板,降低金属和塑料件的振动及刺激性噪声,对金属、涂层和塑料有良好黏附性。

2 自粘型吸音棉

产品型号为 Terodem SP 200,如图20-2所示。PU材料表层,内部为PUR泡沫、阻燃、抗热、抗油、抗水,100cm×50 cm规格,用于发动机舱盖和行李舱盖内侧面板,降低乘客舱内的发动机噪声及行李舱共鸣产生的噪音,对金属、涂层和塑料有良好黏附性。

图20-1 铝箔沥青贴片

图20-2 自粘型吸音棉

3 自粘弹性沥青板

产品型号为 Terodem SP 300,如图20-3所示。50cm×50cm和100cm×50cm规格,用于车辆内部底板和罩板,降低底板的振动,能有效降低刺激性噪声,在常温下与车身板件形状保持一致，对金属、涂层和塑料有良好黏附性。

4 TEROFOAM 2K 降噪发泡胶及 TEROCORE 刚性泡沫

空腔发泡剂，如图 20-4 所示。高密度发泡材料，在金属、塑料表面粘贴牢固，吸水率低，抗老化性优良，可填充于车身立柱及纵梁等空腔，起到减振、吸音的作用，还能在一定程度上增强结构的整体刚性。内部物料为双组分，提起容器罐顶部拉环可让两种组分混合。

图 20-3　自粘弹性沥青板

图 20-4　空腔发泡剂

二、实 施 作 业

引导问题 4　车身维修基本隔音降噪处理操作流程是怎样的？

1 安装铝箔沥青贴片

（1）根据粘贴范围在沥青贴片的银色铝箔面标记出所需形状，沿标记线折断。
（2）彻底清除施工表面的残胶、防护蜡等，用清洁剂进行处理，使粘贴面清洁、干燥无油污。
（3）揭开部分背贴纸，确保粘贴位置准确并按紧，每次仅揭开约手掌宽度的一小部分，逐步完成粘贴，如图 20-5 所示。用力均衡确保沥青贴片与车身粘贴面完全贴合。
（4）用热风机加热贴片至 40℃ 左右，可以使其达到最大附着力，如图 20-6 所示。

图 20-5　均匀按压粘贴面

图 20-6　用热风机加热贴片

2 安装自粘型吸音棉

（1）依照粘贴区域制作样板，按样板裁剪吸音棉垫获得所需形状。

（2）彻底清除施工表面的残胶、防护蜡等，用清洁剂进行处理，使粘贴面清洁、干燥无油污。

（3）揭开部分背贴纸，确保粘贴位置准确并按紧，每次仅揭开约手掌宽度的一小部分，逐步完成粘贴，如图20-7所示。过度用力会造成吸音棉表面收缩。

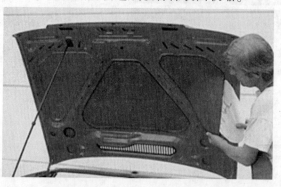

图20-7　逐步完成粘贴

3 安装自粘弹性沥青板

（1）依照粘贴区域制作样板，按样板裁剪沥青板获得所需形状。

（2）彻底清除施工表面的残余沥青板、防护蜡等，用清洁剂进行处理，使粘贴面清洁、干燥无油污。

（3）揭开部分背贴纸并轻按面板进行定位，每次仅揭开约手掌宽度的一小部分，逐步完成粘贴，如图20-8所示。施工过程中不断用热风机加热贴片至40℃左右，按压沥青板使其与施工板件表面轮廓贴合一致，如图20-9所示。

 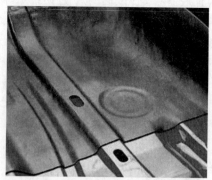

图20-8　加热并按压　　　　　　图20-9　与车身板件轮廓贴合一致

4 填充空腔发泡剂

（1）喷涂之前，用压缩空气吹洗腔室，尽量保持施涂空腔干净和干燥。

(2)用胶带粘贴施工腔体的其他孔洞,避免填充过程中溢出。

(3)撕开压力罐的塑料封口带,向上提拉压力罐上部拉环至最顶端,在下端预应力区折断钢丝,在压力罐顶端安装带导管的喷嘴(螺纹连接)。

(4)摇晃压力罐,使内部物料均匀。

(5)倒转罐体,将导管尽量放入腔体最深处,按压扳机开始填充,如图20-10所示。

(6)一边填充一边缓缓将导管向外拉出,直至填充孔能看到泡沫,如图20-11所示。

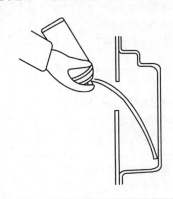

图20-10 从最深处开始填充

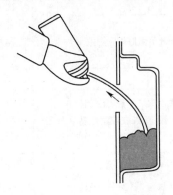

图20-11 一边填充一边缓缓拉出导管

三、评价与反馈

(1)对本学习任务进行评价,评价内容见表20-1。

实训教学课题卡(二十)　　　　　　　　　表20-1

专业		班级		学生		学号	
课题号	课题名称	时数	分课题号		分课题名称		时数
20-1	空腔发泡剂填充						
实训内容	使用TEROFOAM 2K降噪发泡胶,对实训车或模拟空腔结构实施填充,熟悉发泡胶基本使用流程						
教学组织与工位分配	(1)整队进入实训场地; (2)课前、课后点名; (3)按照课题作业防护要求着装; (4)课前强调组织、纪律及安全注意事项 工位分配:设立2~4个工位,以小组为单位完成课题任务						
课前准备	工具、设备:气吹枪、相关防护用品 材料:TEROFOAM 2K降噪发泡胶(或以建筑用发泡胶替代)、纸胶带、清洁剂、无纺布						
说明	本课题要求以小组为单位,通过轮换独立操作,熟悉材料性状、掌握基本操作流程;指导教师对学生进行巡视和指导						
考核评分标准		考核办法		操作( ) 答辩( )		时限	min

续上表

序号	操作步骤及技术要求	配分	评分细则	考核记录			
				自评	小组互评	教师评价	小计
1	个人防护 各操作环节做好相应防护	20	(1)没有穿工作服扣5分； (2)操作时不戴防护手套扣5分； (3)操作时不戴护目镜扣5分； (4)焊接时不戴口罩扣5分				
2	表面处理 用气吹枪吹洗空腔；用清洁剂清理油污；用纸胶带粘贴待填充空腔下端的孔洞	20	(1)无吹洗清理过程每处扣5分； (2)孔洞粘贴不到位每处扣5分				
3	发泡胶准备 正确开启包装；安装导管；充分摇晃罐体	20	(1)开启方式错误每处扣5分； (2)喷导安装不到位每处扣5分； (3)未充分摇晃罐体扣5分				
4	操作过程 倒置罐体将导管插入空腔最深处，按压喷嘴，观察填充情况；缓慢向外拉出导管直至胶体从填充孔溢出	10	(1)填充时未倒置罐体扣5分； (2)拉出导管速度过快扣5分				
5	操作质量 揭开贴在孔洞上的纸胶带，检查空腔是否充分填充	10	填充空洞每处扣5分				
6	工作态度及劳动纪律	10	(1)工作态度不端正扣5分； (2)违反劳动纪律,此项不得分				
7	安全防范措施,场地清理	10	(1)场地不干净扣5分； (2)有安全隐患,不清理场地扣10分				
总分		100					
教师签名：			年　　月　　日			得分：	

(2)完成本学习任务以后,还有哪些相关问题？

四、学习拓展

(1)查阅资料,"底盘装甲"施工的目的是什么？包括哪些方面的处理？
(2)防腐密封和隔音降噪之间有什么区别和联系？

项目七 非金属车身部件的维修

学习任务二十一

车身塑料部件维修

学习目标

完成本学习任务后,你应当能:
1. 熟悉塑料的基本特性及分类;
2. 掌握塑料的鉴别方法;
3. 明确塑料部件维修时的基本安全事项;
4. 掌握塑料件整形和焊接的基本方法;
5. 掌握塑料件粘结修复方法;
6. 了解柔性塑料仪表台的粘结修复方法。

 建议完成本学习任务的时间为18课时。

 学习任务(情境)描述

一辆爱丽舍轿车的左前侧在行驶过程中发生轻微擦碰。经检查,前保险杠局部凹陷变形,少量穿透性破损,但部件基本完整无缺失,需要对变形部位进行修复。

一、资料收集

引导问题1　塑料的主要特性是怎样的?

(1)质量轻。塑料的密度一般只有 $1.0 \sim 2.0 g/cm^3$,比强度高,应用于汽车部件的最大优势在于能减轻车体的质量,降低油耗。

(2)吸振性和消声性好。塑料制品的弹性变形特性能吸收大量的振动能量,对强烈撞击也有较大的缓冲作用。车身前后保险杠、车身装饰条都采用塑料制造,以缓冲碰撞对车身的冲击力。其吸收和衰减振动的作用,可有效降低噪声,提高乘坐舒适性。

(3)成型容易。便于制造形状复杂的部件,加工时间短,精度高。

(4)耐腐蚀性强。塑料对酸、碱、盐和有机溶剂都有良好的耐腐蚀性,适用于汽车的复杂使用环境。

(5)应用广泛。塑料可根据塑料的组织成分,通过添加不同的填料、增塑剂和硬化剂制出所需性能的塑料,改变材料的机械强度及加工成型性能,以适应车上不同部件的用途要求。如保险杠需要一定的机械强度,而坐垫和靠背就要采用柔软的泡沫塑料;塑料颜色可以通过添加剂调出各种颜色,不用喷漆;ABS塑料具有很好的电镀性能,可用于制作装饰条、标牌、开关旋钮、车轮装饰罩等。

引导问题2　车身塑料部件如何进行分类?

1 汽车用塑料的分类

现代汽车越来越多的使用小密度轻质材料用于车身和零部件的制造,能降低车身自重,提高动力性和燃油经济性,节约能源,减少有害气体排放,并能增强耐蚀性,延长使用寿命。

塑料在汽车上运用广泛,如车身覆盖件、装饰件、卡扣、发动机零件、防护板、油管等。塑料种类很多,掌握不同种类塑料的特性,能指导维修技师采用正确的方法进行修理。从维修的角度,按其受热性能的不同,可分为热固性塑料和热塑性塑料两大类。

(1)热塑性塑料:可通过加热反复地软化和变形,而其化学成分不会发生变化,在加热时软化,冷却时变硬。常用的热塑性塑料有聚乙烯、聚氯乙烯、聚四氟乙烯、聚苯乙烯、聚丙烯、聚甲醛、聚苯醚、聚酰胺等。

(2)热固性塑料:生产过程中在热量、催化剂的作用下发生化学变化,硬化成形后,不能通过加热使其软化。常用的热固性塑料有环氧树脂、酚醛树脂、氨基树脂、有机硅树脂等。

2 鉴别塑料件种类的方法

为满足不同部位的使用需要,一辆汽车会使用多种不同的塑料来制造不同的零部件,而不同种类的塑料有不同的特性,这就产生了维修方法的区别。如热塑性塑料可进行反复加热塑形及焊接,热固性塑料只能通过粘合的方式进行修复;即使是对热塑性塑料进行焊接,并不是所有种类的热塑性塑料都能够彼此兼容,维修技师必须鉴别待修塑料部件的具体种类,并匹配合适的塑料焊条,才能顺利完成焊接。

(1)查看识别码:通过压印在零部件上的国际标准符号或 ISO 码进行识别(图 2-1)。这种方法通常需要将零部件拆下才能读取识别码。

(2)查阅维修手册:汽车(零部件)生产厂家通常会将部件所使用的塑料类型标注在车辆维修手册中。

(3)试焊法:在零件的隐蔽部位进行试焊,能与之结合的焊条可用作该塑料部件的焊接。

(4)挠性测试:弯曲塑料件,与样本进行比较,采用最符合基本材料特性的试件焊条进行焊接维修,如图 21-1 所示。

(5)燃烧测试法:利用热固性塑料燃烧时不会产生熔滴,而热塑性塑料燃烧时会产生熔滴来确定塑料的种类。但是这种测试并不总是可靠的,而且塑料燃烧不仅会对环境造成污染,还会产生致癌物质,不建议使用这种方法。

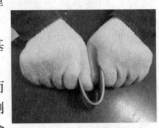

图 21-1　挠性测试

引导问题 3　维修塑料部件时需要注意哪些基本安全事项?

树脂和相应成分会刺激人的眼睛、皮肤和胃壁,硬化剂能产生有害的挥发气体,对塑料和玻璃纤维进行作业时,应注意以下安全事项,以避免影响健康及造成其他伤害。

(1)仔细阅读产品说明和警告内容。

(2)切割、打磨或研磨塑料件时,戴上合格的防尘罩,避免吸入打磨粉尘和挥发气体。

(3)使用玻璃纤维树脂或硬化剂时,要戴上橡胶手套,穿上长袖工作服,扣上领子和袖口,防止粉尘粘到皮肤上。

(4)在身体的所有暴露部位都应使用护肤膏。

(5)如果树脂或硬化剂接触到皮肤,用硼砂皂和热水或酒精进行清洗。

(6)佩戴防护眼镜,避免飞溅及挥发物质刺激眼睛。

(7)工作区域必须通风良好。

二、实施作业

和其他车身维修工作一样,维修塑料件应先进行评估,根据零部件的成本、损伤部位、损伤程度和维修难度等因素确定应该维修还是更换,如果部件更换难度大,成本高或损伤较轻微,则一般对损伤部位进行维修。

车身受到碰撞时,因力的大小、方向和撞击点的不同,车身及其他零部件会产生不同性质的损伤。塑料部件的损伤也是这样,因材质特性和受力方式的影响,有单纯变形、单纯破裂及同时产生变形与破损。只要是包含变形损伤的塑料件，都应在修补前进行校正。

引导问题4 塑料件变形损伤的修复流程是怎样的？

塑料有一定的记忆效应，使其具有保持或恢复原始形状的趋势，很多变形的塑料件常常可以用加热的方法进行校正。

（1）清洗部件表面，用塑料清洁剂清除沥青及其他油脂。
（2）用热风枪加热变形区域，直至塑料件背面开始发烫。
（3）用合适的工具顶起低处按压高处，必要时可反复加热，逐渐将变形恢复至正常形状。
（4）冷却维修区域。

注意

加热时应严格控制温度，避免烧焦或熔化；对于没有损伤表面油漆的轻微变形，加热部件背面并控制好加热温度，修复后不会损伤漆面。

引导问题5 如何进行塑料破损件的焊接修复？

1 热空气塑料焊接

焊枪内的发热元件产生温度，通过鼓风机吹出高温空气加热、熔化母材和塑料焊条，使两者熔合形成焊缝。

（1）根据被焊塑料件的情况，在损坏部位加工出60°左右的坡口。
（2）用肥皂水清洗坡口，晾干后用塑料清洗剂清洗，但不要用一般的溶剂来清洗。
（3）焊条端部切出60°左右的切口。

图21-2 焊接姿势

（4）恢复部件的基本形状，用夹子和钢带固定。
（5）焊条垂直于焊件表面，切角的一端置于焊缝的起点；热风枪喷嘴距离焊缝8~12mm，焊炬倾角为30°左右；摆动热风枪喷嘴，将喷嘴喷出的热风交替吹到焊条及焊件上，但主要是吹焊条。如图21-2所示。
（6）焊条与塑料件同时被加热到发光并带有黏性，焊条便会黏住塑料件，此时必须维持焊条与塑料件的温度，切不可让加热温度过高。

如果温度过高就会出现焊缝褶皱，表面变为棕色，这样会改变塑料的性能降低焊接强度。为保持焊条与塑料件的焊接温度，焊炬可上下扇动，使焊缝受热均匀。当焊条与塑料件边缘受热熔化都略带亮光时，对焊条略施压力就会深入焊缝，继续加热，焊条与母材熔为一体。塑料焊接时的平均速度应保持在150~200mm/min。焊接过程中,焊条上的压力应保持一致。如果需要更换焊条,应在焊条不是太短之前停止焊接,然后将焊条和塑料件接触点迅速切断,新焊条仍切成60°左右的切口,保持结合处平滑过渡。结束焊接时,停止焊条移动并继续保持焊条的压力,待焊缝冷却后再切断焊条。

塑料件的焊缝不应出现棕黄色或褶皱,如果出现棕黄色或褶皱说明温度过高。焊缝应看出焊条与焊件完全熔合,如果焊缝不完全互熔,焊缝中有明显的焊条形状,说明焊接热量不足。良好的焊缝应在焊缝的两侧出现小流线或波纹,说明压力和热量适当,焊条和塑料件完全熔合。

2 无空气熔流塑料焊接

以焊接头的温度熔化焊条填满板件缝隙,更类似于粘结,可以用于单面修理,也可以用于双面修理。

(1)将小号焊嘴安装到热风枪出风口,在焊嘴前端安装焊接头,如图21-3所示。
(2)将焊条插入焊接头预热管预热,直至开始熔化。
(3)将焊接头对准焊缝,用少量的力将焊条推过预热管进行持续填充,使熔化的塑料焊入焊缝,同时慢慢移动热风枪,如图21-4所示。注意不要过快推进焊条。

图21-3 安装焊接头

图21-4 无空气熔流塑料焊接

有些塑料部件需要承受一定的载荷,可以在修补区域背面填补金属网进行加固,在不影响部件外观及正常使用的情况下提高塑料部件的修复强度。

引导问题6 破损塑料件精致修复作业需要使用哪些工具、设备及材料?

Amcarer精致修复技术-塑料及皮革修复系统主要针对汽车内外部硬、软质塑料制品,保险杠、仪表台、汽车皮革座椅等出现小范围损伤、刮伤、烫伤修复。图21-5所示为塑料及皮革维修套装,该套装共包括21件工具,主要有补伤膏、黑色凝胶、透明凝胶、硬质缝合胶、软质缝合胶、塑料底漆、塑料清洁剂、固化剂、纹理复制模具、电烙铁等专用工具,及美工刀、砂纸包等通用手动工具。在保证修复质量的同时,使修复状态趋近于原始状态。(素材来源于北京金源诗琴机电设备有限公司-Amcarer精致修复套装。)

双组分粘结剂由树脂和硬化剂(催化剂)组成,分别装在两个容器中,使用时由混胶嘴自动混合,混合后的粘结剂在一定时间内固化成为与零部件相似的塑料。在许多塑料件的维修中,双组分粘结剂可以代替焊接。

(1)美工刀:是皮革修复时主要的操作工具,用于涂刮、修补膏体操作,如图21-6所示。

图21-5　塑料及皮革维修套装　　　　　图21-6　美工刀

(2)电烙铁:用来配合与补伤膏(B compound)使用的,辅助其快速有效的固化,如图21-7所示。

(3)冷却包:用来配合电烙铁加热后迅速冷却降温使用的专用工具,如图21-8所示。

图21-7　电烙铁　　　　　图21-8　冷却包

(4)双组分施胶枪:用于辅助纹理复制模具和保险杠缝合胶使用,如图21-9所示。

(5)小喷笔:修复完毕后,用于喷涂内饰专用水性漆,如图21-10所示。

图21-9　双组分施胶枪　　　　　图21-10　小喷笔

(6)迷你电子秤:配备水性漆时,用于称量水性漆质量,如图21-11所示。

(7)保险杠缝合胶(2K flexible&2K rigid):主要应用于汽车外部塑料制品的损伤的填充,

根据塑料部件的材质及实际修复位置,选择合适的缝合胶(软质或硬质),如图 21-12 所示。

图 21-11　迷你电子秤

图 21-12　保险杠缝合胶

(8)纹理复制模具胶(Mouldmaker):用来复制未破损区域的纹路,将其使用在破损处,配合电烙铁将纹路烫印在修复区域表面,使修复区域的表面效果尽量与周围保持一致,如图 21-13 所示。

(9)塑料清洁剂(Plast cleaner aerosol):用于清洁汽车外塑料制品的污垢,使用中不得直接喷涂在待清洁物表面,如图 21-14 所示。

图 21-13　纹理复制模具胶

图 21-14　塑料清洁剂

(10)内饰塑料凝胶(B gel clear 和 B gel black):主要应用于汽车内饰塑料制品的损伤的填充,其中透明凝胶固化后要比黑色凝胶固化后韧性强,但黑色凝胶强度更高,如图 21-15 所示。

(11)固化剂(B Activator spray):辅助内饰塑料凝胶固化,直接喷涂在胶上即可迅速固化,如图 21-16 所示。

图 21-15　内饰塑料凝胶

图 21-16　固化剂

(12)补伤膏(B compound):皮革制品、搪塑制品损坏后,用于填补损伤区域,配合电热铁加热固化,如图 21-17 所示。

(13) 漆前准备剂(Vinyl Prep)：有清洁损伤区域和软化皮革表面扩张纹路的作用，使喷漆效果更佳，如图21-18所示。

图21-17 补伤膏

图21-18 漆前准备剂

(14) 定型塑胶膜(Reinforcement)：配合保险杠缝合胶塑形使用，带有加强网的定型塑胶膜使修复后的裂缝更牢固，如图21-19所示。

(15) 塑料底漆(2Kplast primer)：用于保险杠缝合胶施胶前，起到清洁、催化修复表面的作用，使保险杠缝合胶固化后附着力更强，如图21-20所示。

图21-19 定型塑胶膜

图21-20 塑料底漆

引导问题7 塑料保险杠破损的粘结修复流程是怎样的？

(1) 检查损伤情况，判断损伤区域的损伤状况，对变形的部位进行加热塑形，使破损区恢复原始轮廓，如图21-21所示。

(2) 用小刀清理损伤区域内不规整毛刺，如图21-22所示。谨慎操作，避免划伤其他未损坏区域。

图21-21 修复变形损伤

图21-22 用小刀清理损伤区域

(3) 在损伤裂缝两侧各钻出一个直径为4～5mm的孔，两孔之间距离为3～4cm，如图21-23所示。

（4）用气动直磨机配合球形磨料，将裂缝及钻孔处正反两面磨出 V 形坡口，加大粘结面积，如图 21-24 所示。

图 21-23　裂缝两侧钻孔

图 21-24　打磨 V 形坡口

（5）用砂纸清理上一步骤产生的毛边，如图 21-25 所示。

（6）用沾有塑料底漆（2K plast primer）的无纺布清洁破损区域正反两面，使该区域粘结效果更好，如图 21-26 所示。

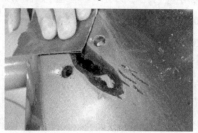
图 21-25　清理毛边

图 21-26　用塑料底漆清洁破损区

（7）根据部件材质的硬度选择合适的缝合胶（2K flexible 或 2K rigid），使用双组分施胶枪向破损处正面施胶，如图 21-27 所示。注意自内向外均匀施胶，始终保持胶嘴处于胶体内部，避免胶体内部出现气孔。

（8）用专用的定型塑胶膜覆盖并按压填充的胶体，使其能充分的填入到裂缝中，如图 21-28 所示。注意不要让胶体表面低于面板轮廓，推荐采用滚筒类工具适当辊压。

图 21-27　施涂缝合胶

图 21-28　覆盖定型塑胶膜

（9）用同样的方法在保险杠背面施胶，用带有加强网的定型塑胶膜按压保险杠胶，使其完全填充到裂缝中，如图 21-29 所示。干燥固化 20min 以上。

（10）将覆盖在修复区域上的蓝色膜揭掉，并将背面多余的加强网裁切干净，如图 21-30 所示。

图21-29　覆盖带有加强网的定型塑胶膜

图21-30　裁切多余的加强网

（11）打磨机配合软质打磨盘，对已经固化的胶体进行粗打磨，如图21-31所示。注意控制打磨范围。

（12）手工打磨，如图21-32所示。用不同型号的砂纸，按照由粗到细的步骤依次打磨修复区域。

（13）用专用清洁剂清洁打磨好的修复区域，可进行下一步喷漆处理，如图21-33所示。

图21-31　粗打磨

图21-32　手工打磨

图21-33　修复完成

引导问题8　塑料仪表台破损的粘结修复流程是怎样的？

（1）检查损伤情况，判断损伤区域是否有必要进行修复。内饰件通常不会严重受损，一旦严重受损也就没有维修价值了，一般只修复轻微的损伤，如图21-34所示。

（2）用壁纸刀将损伤区域内的塑料毛刺切掉，切口修割成V形坡口增加接触面积，方便后期填胶，如图21-35所示。

（3）用沾有漆前准备剂（Vinyl Prep）的无纺布清洁损伤区域表面，以及周边一小块没有损伤的区域，用于复制表面纹路，如图21-36所示。

图21-34　仪表台表面孔洞

图21-35　切割坡口

图21-36　清洁损伤区域

（4）在没有损坏的区域，用施胶枪将纹理复制模具胶（Mouldmaker）挤出少量，如图21-37所示。

（5）用美工刀将纹理复制模具胶均匀抹平，如图21-38所示。厚度控制在1mm左右，尽量自然干燥。

图21-37　制作纹理复制模具

图21-38　纹理复制

（6）在一张干净的白纸上挤出适量透明凝胶（B gel clear），如图21-39所示。注意不得用手接触。

（7）用美工刀将透明凝胶一点点填入破损区域，如图21-40所示。注意不得高于维修平面。

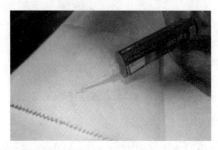
图21-39　透明凝胶准备

图21-40　填充透明凝胶

（8）用固化剂（B Activator spray）直接喷洒在损伤表面填充的透明凝胶上，如图21-41所示。几秒后再次填充，根据需要可重复进行填充及固化。

（9）待填充到距离全平状态还有2~3mm时，用细砂纸打磨填充区域，如图21-42所示。不要扩大打磨面积。

图21-41　固化透明凝胶

图21-42　打磨填充区域

（10）用塑料清洁剂（Plast cleaner aerosol）清洁打磨区域，如图21-43所示。

（11）在干净的白纸上挤出适量黑色凝胶（B gel black），用美工刀均匀的填充到损伤修复表面，如图21-44所示。由于该黑色凝胶比较黏稠，所以尽量在中间多填充，周边少量填充。

 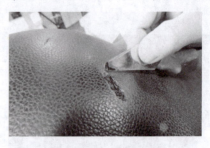

图21-43　清洁打磨区域　　　　图21-44　填充黑色凝胶

（12）将事先制作的纹理复制模具胶覆盖在冷却包上并绷紧（纹理在外），在表面喷涂固化剂，如图21-45所示。

（13）喷涂固化剂后，立即按压损伤区域，保持约30s即可，如图21-46所示。若未能填充平整，可重复（11）~（13）步骤。

 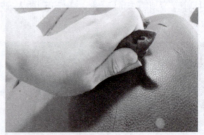

图21-45　喷涂固化剂　　　　图21-46　印制纹理及固化

（14）用比色卡选择出正确颜色的面漆，使用电子秤、量杯等工具调配出接近的颜色，如图21-47所示。

（15）将调配好的水性漆，用调漆棒抹在修复部件上少许，观察颜色是否接近，如不接近则重新调配，如图21-48所示。

图21-47　调漆　　　　图21-48　配色检查

（16）用沾有漆前准备剂（Vinyl Prep）的无纺布轻轻擦拭修复区域，如图21-49所示。在未干燥情况下立即进行喷漆处理。

(17)用喷笔或海绵在修复区域进行补漆处理,如图21-50所示。各漆层之间固化5~10min,如需光泽度处理,可使用光泽度漆最后处理漆面,至少固化1~2h。

图21-49 漆前处理

图21-50 修复面喷漆

三、评价与反馈

(1)对本学习任务进行评价,评价内容见表21-1。

实训教学课题卡(二十一)　　　　　　　　　　　　　　　　表21-1

专业		班级		学生		学号	
课题号	课题名称	时数	分课题号		分课题名称		时数
21-1	塑料保险杠维修						
实训内容	使用热风枪对破损(含变形)塑料保险杠进行塑形和焊接,熟悉热塑性塑料的基本维修流程						
教学组织与工位分配	(1)整队进入实训场地; (2)课前、课后点名; (3)按照课题作业防护要求着装; (4)课前强调组织、纪律及安全注意事项 工位分配:设立2~4个工位,以小组为单位完成课题任务						
课前准备	工具、设备:气吹枪、大力钳、相关防护用品 材料:热风枪、塑料焊条、美工刀、清洁剂、无纺布						
说明	本课题要求以小组为单位,通过轮换独立操作,熟悉材料性状、掌握基本操作流程;指导教师对学生进行巡视和指导。塑料件不易设置冷变形,以破损焊接为主						
考核评分标准		考核办法		操作( ) 答辩( )		时限	min
序号	操作步骤及技术要求	配分	评分细则	考核记录			
				自评	小组互评	教师评价	小计
1	个人防护 各操作环节做好相应防护	20	(1)没有穿工作服扣5分; (2)操作时不戴防护手套扣5分; (3)操作时不戴护目镜扣5分; (4)焊接时不戴口罩扣5分				

续上表

序号	操作步骤及技术要求	配分	评分细则	考核记录			
				自评	小组互评	教师评价	小计
2	表面处理 清洗待修区域表面灰尘杂质；用清洁剂清理油污	10	无清理过程每次扣5分				
3	修复变形 加热变形区至背面发烫，使用合适的工具使变形区逐渐恢复原始轮廓	20	(1)加热温度不当每次扣5分； (2)塑形精度>2mm一处扣5分				
4	焊接过程 用大力钳固定破损边缘；定位焊；温度控制	10	(1)无定位措施扣5分； (2)温度控制不当造成烧焦或虚焊扣5分				
5	焊接质量 完成单面焊接，检查熔深应超过板厚的1/2	20	(1)焊缝不连贯扣5分； (2)熔深不足每1cm扣5分				
6	工作态度及劳动纪律	10	(1)工作态度不端正扣5分； (2)违反劳动纪律，此项不得分				
7	安全防范措施，场地清理	10	(1)场地不干净扣5分； (2)有安全隐患，不清理场地扣10分				
总分		100					
教师签名：			年　　月　　日		得分：		

(2)完成本学习任务以后,还有哪些相关问题?

四、学习拓展

(1)采用试焊法和挠性测试法对不同材质的塑料焊条进行鉴别。
(2)尝试对热固性塑料进行加热、塑形，观察其各方面变化。

学习任务二十二

车身前风窗玻璃维修

学习目标

完成本学习任务后,你应当能:
1. 明确车身玻璃的基本分类及特点;
2. 了解车身玻璃维修的基本要求;
3. 掌握车身玻璃维修工具、设备的使用方法;
4. 掌握车身前风窗玻璃损伤维修的基本流程。

建议完成本学习任务的时间为 12 课时。

学习任务(情境)描述

一辆爱丽舍轿车的前风窗玻璃在行驶过程中被溅起的飞石击伤。经检查,玻璃损伤范围不大,符合基本维修安全要求,需要对损伤部位进行修复。

一、资 料 收 集

引导问题 1 车身玻璃如何分类?分别有什么特性?

1 汽车玻璃分类

按制作方法分类:钢化玻璃,区域钢化玻璃,夹层玻璃。
按车身安装位置分类:前风窗玻璃,侧窗玻璃,后风窗玻璃,天窗玻璃。

2 车身玻璃的特性

(1)钢化玻璃。将普通平板玻璃由炽热状态骤冷,使表面对芯部造成挤预应力,而获得的高强度玻璃。弯曲强度、冲击强度、疲劳强度比普通玻璃高3~4倍，热稳定性高，可经受120~130℃的温度差而不炸裂。破碎后形成黄豆大小的细粒，没有尖角和锋锐的碎片，无碎屑飞散，不易伤人。钢化处理后不能进行切割、钻孔加工。

（2）区域钢化玻璃。在制造时的强化处理过程中，让周边部分快速冷却全钢化，驾驶员视线正前方部分缓慢冷却，玻璃受外力冲击破裂后破片较粗，可使驾驶员前方视野清楚。

（3）夹层玻璃。在两层或三层普通薄片玻璃之间夹透明可粘结性塑料（PVB 聚乙烯醇缩丁醛）粘结而成的玻璃制品，具有优良的力学性能，抗弯曲强度比钢化玻璃小，当冲击速度增加时，冲击强度比钢化玻璃高得多，夹层玻璃在被击碎后玻璃碎块仍旧粘在塑料夹层上，碎片最长不大于5mm，是现代汽车前风窗玻璃最理想的安全玻璃。

3 玻璃在车身上的应用

为了确保乘员的安全，车身玻璃必须使用安全玻璃。强制规定前风窗玻璃必须用夹层玻璃；侧窗玻璃为钢化玻璃；后风窗玻璃为带电热丝的钢化玻璃；天窗玻璃为钢化玻璃或夹层钢化玻璃。

引导问题2　维修车身玻璃有什么基本要求？

1 材质因素

综上所述，因为钢化玻璃本身的特性，钢化玻璃受力后会产生整体破裂，如图22-1所示，根本不具备修复的可能性，也没有修复价值，所以车身玻璃维修主要针对用于车身前风窗的普通夹层玻璃。

2 安全因素

维修后的玻璃并不能做到完全不留痕迹，所以对于车身前风窗玻璃的修复还是有一定要求的。驾驶员正前方A4纸大小影响观察视线的区域不建议修复，如图22-2所示；玻璃周边出现破碎点或裂缝，考虑到安全性及可靠性也不建议修复；破裂点能完全被一元硬币覆盖；裂缝长度小于或等于15cm为最佳修复范围。

图22-1　钢化玻璃裂纹

图22-2　禁止修复区

引导问题3 ▶ 前风窗玻璃的基本损伤类型有哪些?

车身前风窗玻璃损伤,通常为高速行驶时被前方车轮带起的小石子击打形成,一般有几种常见类型,图22-3所示分别为牛眼型、星型、复合牛眼型、放射型,维修难度依次增大。

a)牛眼型

b)星型

c)复合牛眼型

d)放射型

图22-3　不同类型的玻璃损伤

车身前风窗玻璃损伤修复,实际就是在夹层玻璃表层发生一定程度损伤时,在裂缝里填充透光率与玻璃本身近似的树脂,使玻璃恢复到基本透光要求,不影响驾驶员的观察视线及驾驶安全。

引导问题4 ▶ 车身玻璃修复需要使用哪些工具、设备及材料?

风窗玻璃修复系统主要针对前风窗玻璃由于受到外力,导致玻璃出现点状或缝状的微小损伤进行修复,来达到外观以及强度的双重改善;随车修复,节省了新备件、粘结剂、拆装工序及作业时间,大幅降低了维修成本。图22-4所示为风窗玻璃维修套装,该套装共包括20件工具,主要有桥接器、反光镜、填充树脂、表层树脂、吸盘胶水、抛光乳、真空注射器、打孔钻、UV膜等专用工具。

1 止裂铁钎

用于去除玻璃破损区域的微小碎片,在裂缝两端手钻止裂孔,如图22-5所示。

图 22-4　风窗玻璃维修套装

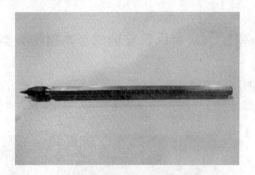

图 22-5　止裂铁钎

2 玻璃打孔钻

当损伤处有难以去除碎片时,树脂不能顺利渗入裂缝时,裂缝需要钻止裂孔时,用于在玻璃上打孔,如图 22-6 所示。

3 玻璃打孔钻头

玻璃打孔钻头是配合玻璃打孔钻使用的;分为打孔钻头(细)和扩孔钻头(粗),包装盒上分别用不同颜色的标签进行标记,如图 22-7 所示。

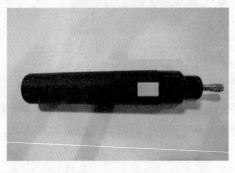

图 22-6　玻璃打孔钻

图 22-7　玻璃打孔钻头

4 玻璃吸盘胶水（Windscreen Repair Gel）

修复玻璃作业时,需要在玻璃上安装桥接器和反光镜,两者都靠吸盘吸附在玻璃上,吸盘上涂抹胶水后,胶水的黏性增大了吸盘的吸附力,满足修复期间的吸附强度,使桥接器和反光镜对准修复点且不易剥落,如图 22-8 所示。

5 反光镜

用吸盘安装在破损区域背面(车内玻璃表面),以便更好地观察树脂的渗透情况,掌握玻璃修复的即时效果,如图 22-9 所示。

图 22-8　玻璃吸盘胶水

图 22-9　反光镜

6 桥接器

桥接器上以螺纹连接形式安装注胶器（黑色塑料材质），用于连接真空注射器和玻璃损伤点，让注胶器对准并压紧玻璃损伤点，便于抽取真空及填充树脂渗入玻璃裂纹，如图 22-10 所示。

7 LED 照明手电

在修复玻璃时，配合反光镜使用，能够让维修人员清楚地观察修复效果，如图 22-11 所示。

图 22-10　桥接器

图 22-11　LED 照明手电

8 真空注射器

用于修复玻璃时帮助推注树脂，及抽取损伤区域内多余空气，如图 22-12 所示。

9 玻璃填充树脂（DualX2 Resin）

用来修复玻璃上的点破损及裂缝损伤，具有较强的裂缝渗透能力，此树脂必须用紫外线烤灯才能固化，固化时间根据填充树脂的使用量来决定，一般 5～10min，如图 22-13 所示。

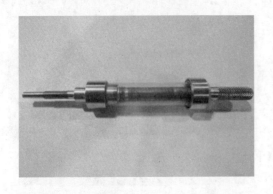

图 22-12　真空注射器　　　　　　　图 22-13　填充树脂

10 玻璃表层树脂（Pit fill Resin）

为无色透明状黏稠液体。修复玻璃表面划痕、点破损时都需用到此树脂；树脂固化后，强度及透明度都可以达到理想效果，如图 22-14 所示。

11 树脂注射器

用来抽吸 DualX2 树脂并注射到桥接器里，针筒上有明确的使用量刻度标识，如图 22-15 所示。

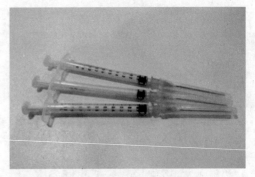

图 22-14　玻璃表层树脂　　　　　　图 22-15　注射器

12 UV 膜

较薄但有一定硬度的透明胶片，填充完表层树脂以后，将 UV 膜贴在表层树脂上，避免表层树脂流淌，辅助 UV 灯使表层树脂在损伤点固化，如图 22-16 所示。

13 UV 灯（220V）

紫外线烤灯，用四个吸盘吸附于玻璃表面，用来照射固化玻璃修复树脂，如图 22-17 所示。

图22-16 UV膜

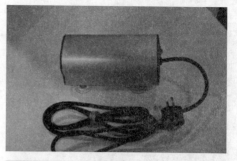
图22-17 紫外线烤灯

14 刀片

UV灯将玻璃修复树脂固化后,用刀片刮去玻璃表面多余固化树脂,如图22-18所示。

15 玻璃抛光乳（Pit fill Polish）

用于修复玻璃损伤的最后一道工序,可使修复处表面平滑光亮,达到近乎原玻璃的透明程度,如图22-19所示。

图22-18 刀片

图22-19 玻璃抛光乳

二、实施作业

引导问题5 车身玻璃损伤的基本修复流程是怎样的?

1 损伤检查

检查车身玻璃损伤情况,判断损伤区域是否符合基本修复要求,详见本学习任务引导问题2,损伤实例如图22-20所示。

2 安装反光镜

将反光镜吸盘清洁干净,在吸盘吸附面涂抹少量胶水,将反光镜吸附固定在玻璃背面,让损伤点处于镜片中央位置,如图22-21所示。

图 22-20　玻璃损伤

图 22-21　安装反光镜

3 检查隐藏裂纹

用止裂铁钎简单清理损伤内碎片，并小心用止裂铁钎顶压损伤点中心，观察当玻璃受力时，是否会有裂纹若隐若现，如图 22-22 所示。

4 钻孔

如果需要钻孔，视损伤点中心碎片大小选择合适的钻头安装在打孔钻上，将打孔钻垂直于玻璃面进行钻孔，钻孔深度控制在 1mm 左右，如图 22-23 所示。

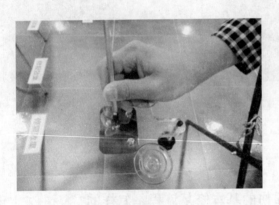
图 22-22　检查隐藏裂纹

图 22-23　在损伤点中心钻孔

5 清理碎屑

用小毛刷仔细清理损伤点内的细碎玻璃残渣及粉末，避免其影响修复效果，如图 22-24 所示。

6 安装桥接器

旋转桥接器上的注胶器留出安装余量；在吸盘吸附面涂抹少量胶水，将其吸附固定在玻璃正面损伤点附近;调整桥接器刻度线保持一致,便于后期随时检查注射器是否对准损伤点,如图22-25所示。

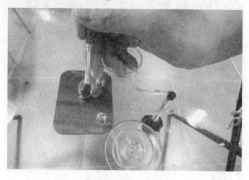 

图22-24 用小毛刷清理碎屑　　　　　　图22-25 安装桥接器

7　调整注胶器

将注胶器与损伤点中心对齐并向下拧紧,使注胶器下端口处的白色橡胶垫贴紧玻璃表面,如图22-26所示;用照明手电观察损伤点中心是否处于白色橡胶垫中心(从反光镜观察),以确保树脂快速有效注入,如图22-27所示;将注胶器上端推射装置拧下,准备注入填充树脂。

图22-26 注胶器下端口贴紧玻璃　　　　图22-27 检查注胶器安装位置

8　准备填充树脂

用树脂注射器抽取填充树脂(Dual X2)0.1mL(根据损伤情况酌情增减),如图22-28所示。切记抽取树脂前不得摇晃容器,且抽出的树脂内不得含有气泡,若将气泡注入玻璃裂缝,会妨碍填充树脂的渗透(在裂缝内留下气穴),从而影响修复效果。

9　注入填充树脂

将抽取的树脂注入注胶器内,如图22-29所示;将树脂注射器内剩余的填充树脂喷涂在注胶器白色橡胶垫周围,起到密封及辅助渗透的作用,如图22-30所示。

图 22-28 抽取填充树脂

图 22-29 将树脂注入注胶器

10 推送填充树脂

将真空注射器上端锁紧,将其下端螺纹拧入注胶器加注口推送填充树脂,直至观察到白色橡胶垫趋向扁平延展即可,如图 22-31 所示。注意不可全部拧入,避免损伤工具。

图 22-30 剩余树脂喷涂在胶垫周围

图 22-31 拧入真空注射器推送填充树脂

11 填充树脂渗入

真空注射器旋紧后,用照明手电观察树脂注入情况,如图 22-32 所示。如观察到有细微裂纹仍未进入树脂,移开反光镜对损伤区域背面进行间歇性加热,如图 22-33 所示。不可长时间加热,温度控制在 60℃ 左右。

图 22-32 观察树脂注入情况

图 22-33 热风枪加热损伤点背面

如果裂纹比较多,填充树脂难以渗透,可以将真空注射器向上旋出 3~4 个螺纹,进行抽真空操作来达到树脂进入的目的。具体操作:单手扶稳桥接器,边旋转边向上抽拔真空注射器至顶端,而后旋紧固定,并保持15s,观察树脂进入情况,如图22-34所示。观察树脂渗入情况并在长裂缝处轻轻按压,使裂缝展开辅助树脂渗入,如图22-35所示。对于极其难渗入树脂的破损情况,可以在抽真空的状态下进行加热,并且延长抽真空状态的持续时间。

图22-34 真空注射器抽真空

图22-35 按压长裂缝

12 拆除桥接器

待填充树脂全部渗入,玻璃恢复正常温度,将真空注射器推回并拧回初始状态;用无纺布轻轻抹净多余树脂,如图22-36所示。

13 表层树脂覆盖

在损伤点凹坑处滴一滴表层树脂,如图22-37所示,切记使用前不得摇晃,避免产生气泡。将UV膜平放在表层树脂上,不得出现气泡或未填满现象,否则,擦净表层树脂重新操作。

图22-36 拆除桥接器

图22-37 表层树脂覆盖

14 紫外线烘烤

将UV烤灯放至修复过后的损伤点上固化烘烤5~10min,如图22-38所示。

15 刮除多余表层树脂

用刀片刮掉玻璃表面多余的固化树脂,此步骤需将刀片垂直于玻璃表面操作,如图22-39所示,且刀片立面需完全覆盖损伤区域。

图 22-38　紫外线烘烤

图 22-39　刮除多余表层树脂

16 抛光

用无纺布或软海绵沾上少许玻璃抛光乳,对修复区域进行抛光,以达到最佳效果,如图 22-40 所示。

图 22-40　抛光

引导问题 6　修复车身玻璃时有哪些常见问题?

(1)玻璃破损后如果即时修复,质量及效果会更好。如果不能及时修复,为了避免灰尘水分进入破损内部,影响修复效果和质量,可以用透明胶条粘在玻璃破损处。

(2)修复完成后,24h 尽量不要洗车或冲洗玻璃,应多放至太阳下直晒。

(3)修复效果受到一些条件的约束,难以做到完美无痕,根据破损情况不同,玻璃修复后总会留下轻微痕迹。

三、评价与反馈

(1)对本学习任务进行评价,评价内容见表 22-1。

实训教学课题卡(二十二)　　　　　　　　　　　　　　　　表22-1

专业		班级		学生		学号	
课题号	课题名称	时数	分课题号		分课题名称		时数
22-1	车身前风窗玻璃维修						
实训内容	对车身前风窗玻璃破损点进行维修,熟悉热基本维修流程						
教学组织与工位分配	(1)整队进入实训场地; (2)课前、课后点名; (3)按照课题作业防护要求着装; (4)课前强调组织、纪律及安全注意事项 工位分配:设立2~4个工位,以小组为单位完成课题任务						
课前准备	工具、设备:风窗玻璃维修套装、风窗玻璃支架或废旧轮胎、气吹枪、相关防护用品 材料:热风枪、美工刀、清洁剂、无纺布						
说明	本课题要求以小组为单位,通过轮换独立操作,熟悉相关工具的使用方法,掌握基本操作流程;指导教师对学生进行巡视和指导						

考核评分标准			考核办法		操作( ) 答辩( )	时限	min

序号	操作步骤及技术要求		配分	评分细则	考核记录			
					自评	小组互评	教师评价	小计
1	个人防护 各操作环节做好相应防护		20	(1)没有穿工作服扣5分; (2)操作时不戴防护手套扣5分; (3)操作时不戴护目镜扣5分; (4)焊接时不戴口罩扣5分				
2	表面处理 清理损伤点中心的玻璃碎屑及杂质;安装合适型号的钻头在损伤点中心钻孔,钻孔深度<1mm;用小毛刷清理粉尘		10	(1)钻孔前后无清理过程每次扣2分; (2)钻孔位置及深度不当每项扣5分				
3	设备使用 正确按照桥接器;调整注胶器		20	(1)桥接器松脱扣5分; (2)注胶器使用不当影响注胶每次扣5分				
4	填充过程 抽取少量填充树脂进行填充,避免产生气泡;适时抽真空,帮助树脂渗透;清理多余填充树脂,覆盖表层树脂,紫外灯烘烤5~10min		20	(1)注射器有气泡扣5分; (2)抽真空方法不当扣5分; (3)UV膜下有气泡扣5分; (4)烘烤方法、时间不当扣5分				

续上表

序号	操作步骤及技术要求	配分	评分细则	考核记录			
				自评	小组互评	教师评价	小计
5	表面处理 刮除多余树脂；表面抛光	10	(1)刮除树脂时刀片不垂直每次扣5分； (2)抛光不到位扣5分				
6	工作态度及劳动纪律	10	(1)工作态度不端正扣5分； (2)违反劳动纪律,此项不得分				
7	安全防范措施,场地清理	10	(1)场地不干净扣5分； (2)有安全隐患,不清理场地扣10分				
总分		100					
教师签名：			年　　月　　日		得分：		

(2)完成本学习任务以后,还有哪些相关问题?

四、学习拓展

(1)尝试对长裂纹进行修复,观察比较修复效果。
(2)尝试对不同损坏时间的损伤点进行修复,观察比较修复效果。

项目八 车身维修焊接技术

学习任务二十三

二氧化碳气体保护焊设备及使用

学习目标

完成本学习任务后,你应当能:
1. 明确二氧化碳气体保护焊的基本特点及使用范围;
2. 掌握二氧化碳气体保护焊设备的基本结构及操作方法;
3. 明确影响焊接质量的因素;
4. 掌握基本焊接操作技术;
5. 掌握基本焊接质量评价标准及评价方法。

 建议完成本学习任务的时间为 30 课时。

 学习任务(情境)描述

一辆爱丽舍轿车在行驶过程中发生碰撞。经检查,部分结构件和覆盖件变形,在维修及更换车身板件的过程中,需要对更换部件进行焊接。

一、资料收集

引导问题1 二氧化碳气体保护焊的基本工作原理是怎样的?

二氧化碳气体保护焊是以二氧化碳气体作为电弧介质并保护电弧及熔池的电弧焊。焊接时,设备的送丝机构将焊丝以恒定速度送出导电嘴,电流经过焊丝与母材、搭铁线之间以电弧形成回路,电弧的温度使母材熔化形成熔池,同时使焊丝前端熔化填充熔池。保护气沿焊枪管路输送,从喷嘴中不断喷出,将空气隔绝在焊接区域以外,保证焊接电弧与熔池不受空气中有害元素的影响,同时使电弧更稳定。当焊接电流和送丝速度配合良好时,焊丝前端的熔化速度等于焊丝送出的速度,能获得连续的焊缝。

引导问题2 二氧化碳气体保护焊有什么特点?

1 优点

(1)从喷嘴喷出的保护气体有一定的压力,保护作用不受焊接方位的影响,适宜全方位焊接。
(2)明弧焊接,容易观察熔池。
(3)保护气吸收电弧热量后体积膨胀,对熔池有很好的保护效果。
(4)分解反应使弧柱收缩,电弧热量集中,焊丝熔化率高,母材熔透深度大,熔池和热影响区小,焊后变形小。
(5)连续的焊丝使焊接速度更快,焊后一般不用除渣,能够显著地提高工作效率。
(6)成本低,为手工电弧焊的40%~50%。
(7)使用不同的保护气体和焊丝,可以焊接多种材料。
(8)可采用细焊丝、低电流焊接,适合焊接薄板。
(9)对油和锈不敏感。

2 缺点

(1)设备较复杂。
(2)光辐射较强。
(3)焊接时,对工作区域的通风条件要求较高,气流太强又会将保护气吹散,影响保护效果。

用于制造车身的板材较薄,且通常使用高强度钢等特殊材料,在制造和维修过程中是不允许承受高温的,气体保护焊的特点使其成为钢质车身维修中最常用的焊接设备,如图23-1所示。

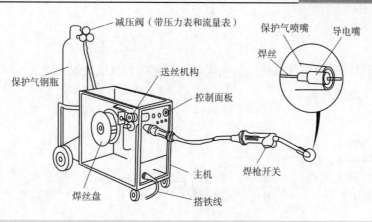

图 23-1 二氧化碳气体保护焊机

引导问题3 气体保护焊设备的基本结构有哪些？

1 主机

主机的控制面板包括电源开关、焊接模式调节开关、电流调节开关、送丝速度调节开关、脉冲焊定时调节开关，主机内部有送丝机构和焊丝盘安装轴。

2 焊枪电缆

焊枪电缆一端与焊枪连接，另一端与主机连接。电缆线内包含送丝管路和保护气输送管路，不可弯折，不可大力拉扯。

3 焊枪

焊枪上有焊接开关，扣动开关时，焊接电流和保护气才导通。焊枪前端有导电嘴，焊接时，焊丝从导电嘴中心伸出，保护气从导电嘴安装座底部的小孔喷出，向喷嘴周围扩散。保护气喷嘴安装在导电嘴外部，与导电嘴绝缘。

焊接过程中，焊丝前端熔化会持续产生飞溅物堆积在导电嘴和喷嘴上，飞溅物堆积太多会堵塞喷嘴，降低保护气的保护作用；飞溅物在导电嘴和喷嘴之间形成导体会使喷嘴带电，喷嘴在焊接过程中一旦与板件发生接触，会在接触点产生电弧导致喷嘴和板件烧蚀。因此，需经常清理喷嘴内的飞溅物，防堵膏能在喷嘴内壁和导电嘴表面形成油膜，使清理工作变得简单。

4 控制系统

对供气、供电和送丝进行控制，以焊枪把手上的按钮开关提供控制信号。有些焊机有延时供气的功能，当焊接停止时仍向喷嘴继续送气几秒，对没有完全冷却的熔池继续提供保护。

5 气瓶

用于钢板焊接的保护气有纯二氧化碳和二氧化碳与氩气的混合气,CO_2气瓶外观为银灰色,混合气的气瓶外观为灰色。

充装不同气体的钢瓶,表面以不同颜色的涂装以示区别,如氢气瓶体为深绿色,氧气瓶体为天蓝色,应注意区分,不得混用。

6 减压器

图23-2 二氧化碳减压器

减压器有预热和干燥功能,在环境温度较低时可防止温度很低的CO_2结冰。有些焊机本身有36V低压电源插孔为减压器的电热元件供电,有些则需使用220V外接电源,应根据需要选择合适的减压器。如图23-2所示,圆形表为压力表,显示钢瓶内的气压。透明的圆柱形表为气体流量表,流量表只有在扣动焊枪开关时才接通送气,焊机在使用时,钢珠浮起的高度提示焊接时的气体流量,标注单位:L/min。

容量为40L的标准气瓶可以充装25kg的液态CO_2。25kg液态CO_2约占气瓶容积的80%,其余20%左右的空间则充满了汽化的CO_2。气瓶压力表上所指示的压力值,就是这部分气体的饱和压力。此压力大小和环境温度有关,温度升高,饱和气压增高;温度降低,饱和气压也降低。只有当气瓶内液态CO_2已全部挥发成气体后,瓶内气体的压力才会随着CO_2气体的消耗而逐渐下降,这时瓶中气体已基本耗尽,该准备换一个气体充足的气瓶了。

引导问题4 影响焊接质量的因素有哪些?

1 焊丝直径

根据板厚、焊接位置等条件进行选择,通常使用不大于板厚的焊丝直径。和手工电弧焊一样,焊接薄板时,焊丝直径应与板厚相当。焊丝越粗,焊接效率也越高,但使用电流越大,产生温度越高,飞溅物较多,焊缝成形也较差。钢质车身结构中,覆盖件厚度通常为0.7~0.8mm,结构件厚度多为1.0~1.2mm,一般采用直径为0.6mm或0.8mm的焊丝。

导电嘴的型号必须与焊丝直径相配合,否则,会产生导电不良现象,使焊接过程不连贯,并影响焊缝质量。

2 焊接电流

根据焊丝直径、焊接位置、板厚选择焊接电流。有些焊机没有电流数值的显示,只有挡位调节(粗调节),难以实现准确的量化,一般以试焊的方式确定。用一块与焊件材料相同的板件试焊,观察焊接效果,来确定焊接电流。(在不烧穿的基础上,能获得需要的焊缝尺寸和熔透率。)

电流过大:熔池温度升高过快,容易烧穿。

电流较大:熔池和熔深较大,焊缝宽度增大;焊缝正面可能会有塌陷,背面熔透尺寸较大,焊疤高度和宽度较大。

电流较小:熔池和熔深较小,焊缝宽度减小;背面熔透尺寸较小,甚至没有焊疤。

电流过小:温度低,焊件熔不透,焊缝呈堆积状增高;焊缝边缘与板件不能产生平顺熔合。

电流合适:在焊接速度配合良好时,焊缝均匀、平滑,焊缝边缘与板件平顺熔合。背面焊缝均匀连贯,尺寸与正面焊缝等长。

3 送丝速度

送丝速度应该与焊接电流相匹配。送丝速度较慢时焊丝送出的速度赶不上电弧熔化焊丝的速度,焊接过程中电弧变长,使得电弧温度及焊丝熔化速度不稳定,直接影响焊缝成形尺寸和质量;送丝速度过慢时甚至会造成电弧熄灭,直至焊丝再度和焊件接触产生电弧。送丝速度较快时焊丝送出的速度大于电弧熔化焊丝的速度,焊接过程中电弧变短,直至焊丝接触熔池发生短路,短路使焊丝前端爆裂,熔化后电弧恢复正常,如此循环也会使电弧不稳定而影响焊缝成形尺寸和质量,同时产生大量飞溅。送丝速度太快时,反作用力会将焊枪往回顶,手的抖动会进一步影响焊缝成形和质量,甚至无法持续焊接。

只有送丝速度与焊接电流配合良好时,才能获得较好的焊缝。在喷嘴与板件的间距保持稳定的前提下,电弧会发出连续的类似撕纸的声音。

4 焊接速度

焊接速度过快时,电弧作用于板件的时间较短,温度低熔池较小,焊缝整体变窄;易产生焊缝不连贯、咬边及熔合不良。焊接速度过慢时,电弧作用于板件的时间较长,温度高熔池变大,焊缝宽度增大,表面易出现凹陷,严重时烧穿板件出现孔洞。

手工焊接时,速度不便于量化,具体焊接速度应根据焊缝正反两面的成形情况来确定。在保证焊缝成形的前提下,通常快速焊接,尽量减少温度对材料的影响。

5 导电嘴到焊件的距离

距离太小,容易损坏导电嘴。距离较大,导电嘴到焊件之间焊丝的长度增加,被电弧熔化之前就已经被预热,从而增大了熔化的速度,使电弧不稳;气体的保护作用也会减小。距离过大,焊丝前端还没被电弧熔化之前,伸出导电嘴的焊丝可能被全部加热,整段熔化,产生大量飞溅,保护气也完全不起作用,电弧不能产生,也就不能正常焊接。导电嘴到焊件的正常距离通常为 7~15mm,如图 23-3 所示。导电嘴安装后不可调整长度,但可选择长度合适的导电嘴进行安装,安装后通常比喷嘴短 2~3mm。

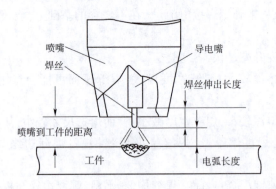

图 23-3　焊接距离

6 焊丝伸出长度

焊丝伸出长度过大,焊丝容易发生过热而整段熔化,喷嘴至工件距离增大,保护效果变差,飞溅严重,焊接过程不稳定。焊丝伸出长度过小,喷嘴至工件距离减小,飞溅金属容易堵塞喷嘴并损坏导电嘴。

焊接过程应始终保持焊丝伸出的长度,变化过大及变化太快都会影响电弧的稳定。焊丝伸出喷嘴的长度一般为焊丝直径的 10 倍,但为了获得稳定的电弧和较大的熔深,通常控制在 5~8mm,如图 23-3 所示。

7 保护气

CO_2 气体在电弧温度区间热导率较高,加上分解吸热,消耗电弧大量热能,从而引起弧柱及电弧斑点强烈收缩,容易产生飞溅,这是由 CO_2 气体本身物理性质决定的。在 CO_2 气体中加入 Ar 后,改变了纯 CO_2 气体的上述物理性质和化学性质,使弧柱和斑点直径得到扩展,从而降低了飞溅量。薄板焊接一般采用 30% CO_2 + 70% Ar。CO_2 + Ar 混合气体除降低飞溅外,还改善了焊缝成形,使焊缝熔宽增加、高度降低、氧化减少,表面光洁,但熔深会稍有减少。

8 保护气体流量

流量太大,从喷嘴喷出时会形成紊流影响保护效果;流量太小,保护效果不足。应根据电流、焊接速度、喷嘴直径、焊丝伸出长度等参数综合考虑。一般采用细丝焊接时,气流量为6~15L/min。

二、实施作业

引导问题5 基本焊接操作技术规范有哪些?

1 焊接方位

(1)平焊。焊枪中轴线与焊缝两边应保持90°,与垂线之间夹角为10°~15°,如图23-4所示。焊接厚度不同的两块板件时,将焊枪喷嘴偏向较厚的板,使薄板和厚板均匀受热。

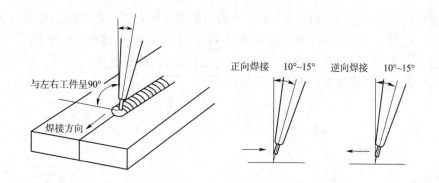

图23-4 平焊方向与角度

> 如果能够选择(改变)焊接方位,尽量采用平位置焊。

①左焊法:焊枪右倾保持角度自右向左移动。板件接缝始终在焊枪左侧不易焊偏,通常被采用。

②右焊法:焊枪右倾保持角度自左向右移动。板件接缝始终在焊枪右侧被粗大的喷嘴遮挡,容易焊偏。

(2)横焊。焊接方向与平焊一致,但熔池由于重力原因有下淌趋势,焊枪喷嘴端应向上倾斜一定角度,如图23-5所示,焊接电流在相同板厚平位置焊接参数的基础上适当减小。

(3)立焊。一般采用自上向下的方法焊接薄板。焊接时,焊枪与两侧保持90°,喷嘴略向上,如图23-6所示,移动速度比平位置焊稍快。

(4)仰焊。如图23-7所示,焊接方向及角度与平焊基本一致,尽量采用小电流。

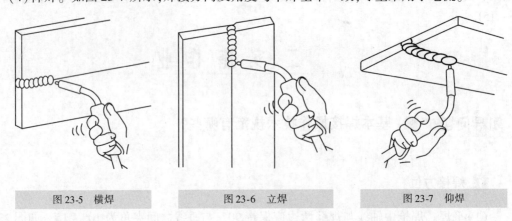

图23-5 横焊　　　　图23-6 立焊　　　　图23-7 仰焊

2 常见焊接形式

(1)定位焊。在焊接较长焊缝前,用较小的临时焊点固定两块板之间的相对位置,可防止焊件受热后变形。相邻两焊点的间距一般为板厚的15～30倍,如图23-8所示。

(2)搭接点焊。一种搭接焊接方式,类似于定位焊,在搭接缝部位以间隔焊点连接,如图23-9所示,适合对焊接强度要求不高的部位。

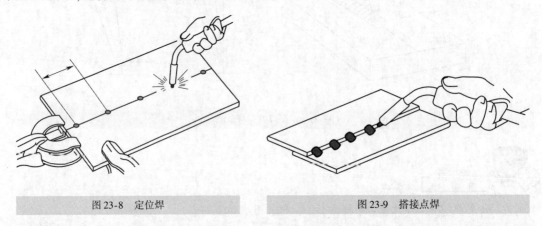

图23-8 定位焊　　　　图23-9 搭接点焊

(3)点焊。一种搭接焊接方式,又称熔化点焊。利用电弧温度持续加热搭接部位的某一点,使上下层焊件先后熔化,并熔合成一体,如图23-10所示。如果是不同厚度的两块板,应将较薄的板放在上面。

(4)塞焊。在上层板件上开孔,焊接时先熔化下层板件,直至孔被熔滴填满将两层板件连成一体,如图23-11所示。多层板焊接时,最下层板不开孔,上层板件上开孔的直径应比下层板略大。修复车身结构时,塞焊可以替代电阻点焊。焊接结构件时,孔径为8mm,焊枪(电弧)沿孔洞边缘运行一周,在中心部位结束焊接。焊接装饰件时,孔径为5mm,直接将焊枪(电弧)对准孔洞中心,直至孔洞被填满。为保证底层板的焊接熔深,每个塞焊点都要求一次完成,不允许多次焊接。

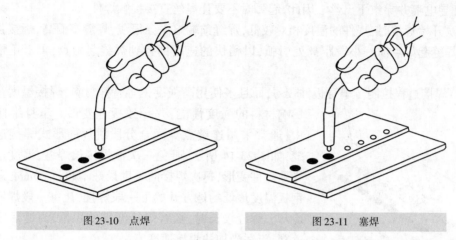

图23-10 点焊　　　　　图23-11 塞焊

(5)连续点焊。由多个依次重叠的焊点形成的连续的焊缝,如图23-12所示。特殊材料不允许承受高温;有些焊件很薄,连续焊接很容易将焊件烧穿;有些焊件表面有镀层,需要将焊接电流提高10%~20%,连续焊接也容易将焊件烧穿。焊接厚度≤0.8mm的焊件时,必须采用连续点焊的方式进行焊接。

(6)连续焊。操作焊枪沿焊道匀速、稳定地移动,形成连续的焊缝,如图23-13所示。从板厚及车身材料等方面考虑,在车身维修作业时不建议以连续焊的方式焊接车身板件。

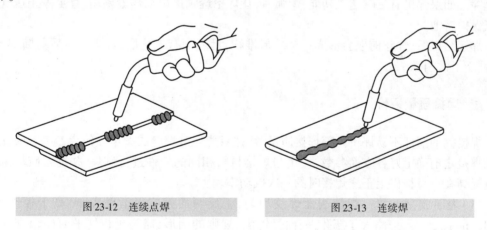

图23-12 连续点焊　　　　　图23-13 连续焊

3 影响焊接质量的其他因素与控制方法

(1)引弧。焊枪上的按钮开关在不按下的时候,焊接电流和保护气都不会接通。因此,引弧时不必像手工电弧焊那样采用直击法或划擦法操作。正确的引弧方法:使用自动变光焊接头盔,将焊丝对准焊缝,调整好焊枪角度与喷嘴到板件之间的间距,按下焊枪手柄上的控制开关,让焊丝送出与板件接触产生电弧。

细丝焊接时,如果焊丝与焊件直接接触,焊丝可能会在接触点开始熔断,也可能在导电嘴处熔断。在接触点开始熔断会正常产生电弧,在导电嘴处熔断则可能使焊丝与导电嘴熔合,损坏导电嘴并导致不出丝。因此,起弧时不要让焊丝直接接触焊件。

每次开始焊接时,焊件的温度相对较低,焊缝前端熔深会很浅、焊缝窄而高,焊接强度较差。在焊缝起始点前一小段距离处引弧,以稍快的速度回行到焊缝起始点,再以正常速度焊接。

(2)焊接过程控制。车身板件较薄,而且多使用高强度钢等特殊材料,焊接温度过高会影响材料的强度性能,并导致板件变形。车身维修过程中,通常采用连续点焊配合分段跳焊的形式焊接连续焊缝,如图23-14所示,避免一次性焊接长焊缝,温度过高会导致焊件变形,每次焊接的长度最好不超过20mm,总是在钢板温度最低的地方开始下一段焊接,让每一段焊缝自然冷却。焊缝较长时,随着焊接温度的积累,焊缝后段容易熔穿,应适当加快焊接速度。

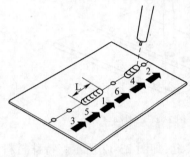

图23-14 分段跳焊

整个焊接过程,都应尽量保持喷嘴与焊件的距离(焊丝伸出的长度)及各方面角度。

(3)熄弧(焊接结束)。焊接结束时立即熄弧会留下弧坑(焊缝在结尾处的凹陷),温度突然降低会使气体来不及溢出而形成气孔,上述问题都会降低焊缝结尾处的强度。在焊缝结尾处停止移动焊枪,使电弧在焊缝尾端稍作停顿再熄弧,让熔化的焊丝继续填满熔池。焊接薄板时,也可以让焊枪往回移动一小段距离,继续强化焊缝尾端的同时,可避免板件过热和烧穿。如果焊机有延时送气功能,熄弧后,让焊枪继续保留在焊缝尾端,直至停止送气,可持续保护熔池。

焊接结束后,焊丝前端会形成一个球形堆积,且表面有氧化层,每次焊接后剪断焊丝前端,便于下次引弧。

4 焊接质量评价

焊接完的部件不易评价内部焊接质量,往往只能凭借焊缝成型尺寸作为参考。因此,必须在焊接之前确定好各方面参数,使用与焊接材料相同的板件进行试焊,并进行破坏试验,尽量提高在车身板件上正式焊接时的一次成功率。

(1)表面成型质量。焊缝表面焊纹均匀,正反两面都应平滑整齐,略高于板件平面(<1.5mm)。焊点应略大于塞孔,表面呈饱满、规则的圆形,略高于板件平面(<1.5mm)。焊缝及焊点表面均不应有夹渣、咬边、孔洞等明显焊接缺陷。

(2)破坏试验。

缝焊缝:撕裂后,板件上必须有与焊缝长度相等的缺口。

塞焊点:撕裂后,底层板件上必须有直径略大于塞孔的孔洞。

三、评价与反馈

(1)对本学习任务进行评价,评价内容见表23-1。

实训教学课题卡(二十三) 表23-1

专业		班级		学生		学号	
课题号	课题名称	时数	分课题号		分课题名称		时数
23-1	二氧化碳气体保护焊						
实训内容	操作二氧化碳气体保护焊设备进行薄板焊接,熟悉设备参数调整,练习基本焊接手法							
教学组织与工位分配	(1)整队进入实训场地; (2)课前、课后点名; (3)按照课题作业防护要求着装; (4)课前强调组织、纪律及安全注意事项 工位分配:设立4~6个工位,以小组为单位完成课题任务							
课前准备	工具、设备:二氧化碳气体保护焊设备、焊接支架、大力钳、剪丝钳、相关防护用品 材料:0.8mm焊丝、厚度为1mm/1.2mm练习钢板							
说明	本课题要求以小组为单位,通过轮换独立操作,熟悉设备调整、掌握基本焊接手法;指导教师对学生进行巡视和指导。建议由相对简单的厚板、平位置焊开始,以5mm塞焊、连续焊焊接为主,逐步向薄板、连续点焊、其他焊接方位过渡,后期适当调整设备使用和焊接质量的配分比例							

考核评分标准			考核办法		操作( ) 答辩( )	时限	min

序号	操作步骤及技术要求	配分	评分细则	考核记录			
				自评	小组互评	教师评价	小计
1	个人防护 各操作环节做好相应防护	20	(1)没有穿工作服扣5分; (2)操作时不戴防护手套扣5分; (3)操作时不戴防护面罩扣5分; (4)不穿安全鞋(护腿)扣5分				
2	板件装夹 板件夹紧后,上下层无缝隙;对接焊面板预留缝隙(2~3倍板厚)	10	装夹不规范每处扣5分				
3	试焊、设备调整 熟悉焊接设备,能根据试焊感受及时调整参数;保护气流量5~15L/min	20	(1)正式焊接时,电流严重超差每次扣5分; (2)送丝不平顺扣5分; (3)保护气流量超差扣5分				
4	焊缝质量 焊缝连贯整齐,无明显缺陷	10	(1)焊接缺陷每处扣2分; (2)尺寸不均匀,超差每1cm扣1分				

续上表

序号	操作步骤及技术要求	配分	评分细则	考核记录			小计
				自评	小组互评	教师评价	
5	塞焊质量 每个塞焊点一次完成	20	(1)焊接缺陷每处扣1分； (2)尺寸超差每个焊点扣1分				
6	工作态度及劳动纪律	10	(1)工作态度不端正扣5分； (2)违反劳动纪律,此项不得分				
7	安全防范措施,场地清理	10	(1)场地不干净扣5分； (2)有安全隐患,不清理场地扣10分				
总分		100					
教师签名：			年　月　日			得分：	

(2)完成本学习任务以后,还有哪些相关问题?

四、学习拓展

(1)使用直径为0.6mm焊丝,对厚度为0.7mm的面板、厚度为1mm的底板进行孔径为8mm塞孔焊。

(2)查阅资料,焊接镀锌板时对个人防护有什么特殊要求?

学习任务二十四

电阻点焊设备及使用

学习目标

完成本学习任务后,你应当能:
1. 明确电阻点焊的基本特点及使用范围;
2. 掌握电阻点焊设备的基本结构及操作方法;
3. 明确影响焊接质量的因素;
4. 掌握基本焊接操作技术;
5. 掌握基本焊接质量评价标准及评价方法。

 建议完成本学习任务的时间为 18 课时。

 学习任务(情境)描述

一辆爱丽舍轿车在行驶过程中发生碰撞。经检查,部分结构件和覆盖件变形,在维修及更换车身板件的过程中,需要对更换部件进行焊接。

一、资料收集

引导问题 1 电阻焊的基本原理是怎样的?有什么特点?

电阻焊是利用电流通过焊件时产生电阻热,使板件接触面受热熔化或提高塑性,在压力下形成熔核使焊件连接成一体,有点焊、滚焊和对焊等不同形式。用于车身制造和维修时使用的电阻点焊,焊接处在搭接位置的双层或多层板件,每次焊接在板件贴合面之间形成单个独立的焊点,在钢质车身制造过程中是主要的焊接方式,占整车所有焊接量的 90%~95%。对于承载式车身(薄板)的焊接,使用电阻点焊设备具有以下优点:

(1) 焊接环境干净无烟尘。
(2) 成本低,不需要焊丝、焊条和保护气等消耗品。
(3) 焊接过程快,焊接热量仅为惰性气体保护焊的一半,适合车身高强度钢板的焊接。
(4) 焊接前允许使用可透焊的防腐涂料,可以恢复板件之间的防腐层。
(5) 焊接后,焊点表面无须打磨,进一步缩短作业时间。
(6) 可以完全恢复车身焊件的外观质量。

引导问题2　小型电阻焊设备的基本结构组成是怎样的?

电阻点焊机的主要部件包括焊接变压器、控制系统和焊枪,如图24-1所示。车身制造采用大型电阻焊设备,电极臂和电极头之间有更大的空隙,而且车身板件是一块一块依次组合,便于施工。而维修时通常是进行局部更换,小型电阻焊设备在某些结构复杂的部位施展不开,因此一般点焊机都有一套可供选择的电极臂,如图24-2所示,不同的形状和长度的电极臂适合不同部位的焊接。电极头通常以导电性能良好的铜材作为基体材料,起到如下作用:对焊接部位施加压力;将焊接电流传导到焊件上产生电阻热;把多余热量从接触表面传导出来。

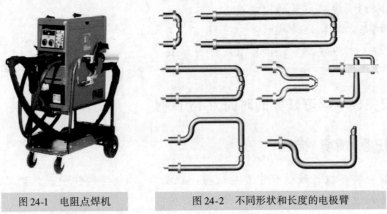

图24-1　电阻点焊机　　　图24-2　不同形状和长度的电极臂

引导问题3　焊接参数对焊接质量有什么影响?

电阻焊的关键在于电阻热,其热量的大小可根据焦耳-楞次定律计算:

$$Q = 0.24 I^2 R t$$

式中:Q——产生的热量(J);
　　　I——焊接电流(A);
　　　R——电极间电阻(Ω);
　　　t——焊接时间(s)。

影响发热量 Q 的因素包括电流、电阻、通电时间、电极压力、电极材料和尺寸等。

1 电流

热量与电流的平方成正比,所以焊接电流对焊点质量的影响最大。在其他参数不变时,当电流小于某值时熔核不能形成;超过此值后,熔核直径随电流增加呈增大趋势,焊点强度上升;若电流继续增大,增加的热量作用于熔核增大效果不明显,使熔核增大及焊点强度增加幅度减缓;如进一步提高电流,熔核增大速度过快会产生内部飞溅,焊点强度反而下降。

2 电阻 R 及影响 R 的因素

(1)电阻 R。包括材料自身的电阻和接触电阻,其中接触电阻又包含工件表面氧化层引起的材料表皮电阻、由于电流的流通截面引起的电阻(电极与工件之间的电阻和板件之间的电阻)。

(2)影响 R 的因素。

①材料电阻:由材料自身所决定,各种不同的材料有不同的电阻特性,电阻率高的金属导电性差。如不锈钢电阻值较大,点焊不锈钢时产生热量容易而散热难,可用较小电流(几千安培)进行焊接;电阻值低的金属导电性好,如铝及铝合金的电阻值较小,点焊铝及铝合金时产生热量困难而散热容易,必须用很大电流(几万安培)进行焊接。

②接触面积:包括电极头直径、电极压力、电极温度、焊件表面状况等因素。

电极头直径:在电流不变的情况下,电极头直径越大,通过材料时的电流密度越小,产生的热量也越少。

电极压力:板件表面实际是粗糙的,当电极压力太大时,粗糙的表面会被压平,板件表面的氧化膜也会被挤碎,使接触面积增大而降低电流密度。

温度:温度过高会使电极头和板件接触部位产生塑性变形,使接触面积增大而导致电流密度降低。

焊件表面状况:工件和电极表面有高电阻系数的氧化物或脏污层,会使电流受到较大阻碍,过厚的氧化物和脏污层甚至会使电流不能导通。

在表面十分洁净的条件下,由于板件表面的微观不平,使工件只能在粗糙表面的凸起点形成接触,电流在接触点处密集导通增加了接触处的电阻热量。但如果电流导通点过少,由于电流密度过大会产生表面飞溅和烧损。氧化层的存在还会影响各个焊点加热的不均匀,引起焊接质量波动。因此彻底清理工件表面,并除去电极头端面的氧化层等杂质,是保证获得优质接头的必要条件。

3 通电时间

通电时间的长短直接影响产生热量的多少。在其他参数不变的情况下,只有通电时间超过某最小值时才开始出现熔核。随通电时间的增长,熔核先快速增大,焊点强度随之提高。当选用的电流适中时,进一步增加通电时间熔核增长变慢,渐趋恒定。但由于加热时间过长,焊点组织变差,受力特性反而会下降。通电时间与材料类型、厚度、电流强度等因素有关。对于任何一种材料,通电时间都有一个最佳范围,在此范围内使通电时间与电流相互补充才能获得较好的焊点。通常以焊点尺寸及破坏试验的结果作为参照进行调整。焊接镀层板时,需在焊接同等厚度钢板的电流值上提高10%~20%,或适当延长通电时间,以弥补电流密度变化带来的损失。

4 电极压力

电极压力的大小一方面影响电阻值,另一方面影响焊件向电极的散热。过大的电极压力将导致电阻减小、析热量少、散热量大、熔核尺寸缩小,尤其是焊透率显著下降。过小的电极压力将导致电阻增大、析热量过多且散热较差,引起飞溅。从节能角度来考虑,应选择不产生飞溅的最小电极压力。一般来说电极头的压力约为1900N/cm^2。

二、实 施 作 业

引导问题4　如何正确规范的使用电阻点焊设备?

每个焊点的焊接过程都是由电极头加压、通电和锻压几个基本环节组成。电极头在准确的位置夹紧板件,导通电流形成焊核,达到预定通电时间后还需持续加压一小段时间,让多余的温度通过电极头散热,使焊核在加压的条件下冷却(锻压)。

1 电极臂的选择和调整

视焊接部件选用合适形状的电极臂;尽量使用短一点的电极臂,以避免电极头受压时电极臂产生弹性变形导致压力不足;电极臂和电极头妥善固定,以免在焊接过程中松动。

2 电极头的调整

上下两个电极头在闭合时应处于同一条中轴线上,否则会引起电极头压力不足而降低焊接强度。

3 电极头的端面直径

在焊接开始之前,应确保电极头的端面直径合适。电极头的端面直径增大,由于电流导通密度下降焊点直径会减小,但如果电极头接触面过小,焊点直径将不再增大。点焊时主要采用锥台形和球面形两种电极。锥台形的端面直径(d)或球面形的端部圆弧半径(r)的大小,决定了电极与焊件接触面积的多少,在同等电流时,它决定了电流密度大小和电极压强分布范围。对于锥台形电极头,一般应选择比期望获得熔核直径大20%左右的工作面直径所需的端部尺寸,或根据板厚(t)确定电极头直径$d = 2t + 3(\text{mm})$。电极头端面在不断的使用过程中会产生变形和磨损,使电极头与板件的接触面积增大,焊点强度也会随之降低,应适时修整。

4 焊件表面的间隙

焊件之间留有任何间隙,都会导致电流导通不良造成焊接面积过小焊接强度不足,如图 24-3 所示。焊件之间的缝隙不能依靠电极头的压力压平。电极头与板件表面保持垂直,否则电流会减弱,导致焊接强度不够;对于三层或多层板件的点焊,应适当增大焊接参数或

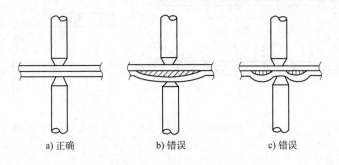

a) 正确　　　　b) 错误　　　　c) 错误

图 24-3　板件装配无间隙

在电极头夹紧后在同一位置焊接两次。

5 焊点的数量

因修理厂所使用的点焊机功率通常小于车身生产线,所以要求碰撞修理时的焊点数量应比原焊点数量增加 20%～30%。

6 焊点的最小间距

用电阻点焊焊接板件时,并不是焊点越多越密集焊接效果越好,当焊点的间距小于一定值时,部分焊接电流会从临近已完成的焊点处分流,从而影响当前焊点的焊接质量。一般要遵循所给出的值,并尽量均匀分布,如图 24-4 所示,不同板厚的焊点最小间距要求见表 24-1。

图 24-4　焊点间距

焊点最小间距　　　　　　　表 24-1

板厚(mm)	焊点间距 S(mm)	边缘距离 P(mm)
0.6	≥11	≥5
0.8	≥14	≥5
1.0	≥18	≥6
1.2	≥22	≥7
1.6	≥29	≥8

7 点焊的顺序

不要在一个方向连续点焊,这样会让板件产生较大变形,降低焊接质量,如图 24-5 所示。

8 转角部位的焊接

不要在急剧转角部位进行焊接,否则会因为应力集中而产生裂纹,如图 24-6 所示。

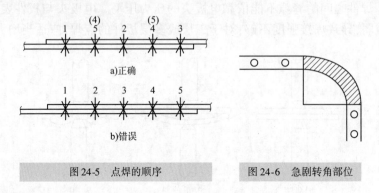

图 24-5 点焊的顺序　　图 24-6 急剧转角部位

引导问题5 如何进行电阻焊焊接质量检验?

1 表面质量

压痕:焊点表面压痕的深度不能大于板厚的一半。
气孔:焊点区域不能有明显的气孔。
飞溅:戴纱线手套在焊点上摩擦,手套不应被绊住。

2 破坏性检验

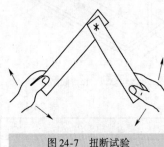

图 24-7 扭断试验

采用与焊件相同的材料进行试焊,再以不同的方法将焊点分开,以焊点分离处的破损情况判断焊接质量。

(1)扭断试验:将两层焊板在平行位置扭断,如图 24-7 所示,其中一块板上应有一个不小于焊点直径的孔。

(2)撕裂试验:在两块钢板重叠处焊两个焊点,在第二个焊点处将两块板反向拉扯直至焊点被分开,在焊接参数调整合适的情况下,其中一块板上应有一个略大于焊点直径的孔。

3 非破坏性试验

将錾子敲入两个焊点之间的板件贴合缝,当两层板件之间的间隙达到 2~3mm,而焊点还没有分开,说明焊接参数合适。如果敲入太多,可能会造成板件在焊点附近撕裂。

三、评价与反馈

(1)对本学习任务进行评价,评价内容见表 24-2。

实训教学课题卡(二十四) 表24-2

专业		班级		学生		学号	
课题号	课题名称	时数	分课题号		分课题名称		时数
24-1	电阻点焊						
实训内容	操作电阻点焊设备进行薄板焊接,熟悉设备参数调整,练习基本焊接手法						
教学组织与工位分配	(1)整队进入实训场地; (2)课前、课后点名; (3)按照课题作业防护要求着装; (4)课前强调组织、纪律及安全注意事项 工位分配:设立4~6个工位,以小组为单位完成课题任务						
课前准备	工具、设备:电阻点焊设备、焊接支架、大力钳、钢尺、划针、相关防护用品 材料:1mm厚度练习钢板						
说明	本课题要求以小组为单位,通过轮换独立操作,熟悉设备调整、掌握基本焊接手法;指导教师对学生进行巡视和指导。前期考察焊点准确度,后期可配合破坏试验考察设备参数调整						
考核评分标准		考核办法		操作( ) 答辩( )	时限		min

序号	操作步骤及技术要求	配分	评分细则	考核记录			
				自评	小组互评	教师评价	小计
1	个人防护 各操作环节做好相应防护	20	(1)没有穿工作服扣5分; (2)操作时不戴防护手套扣5分; (3)操作时不戴防护面罩扣5分; (4)不穿安全鞋(护腿)扣5分				
2	板件装夹 在面板上划10mm×10mm交叉线;采用立位置焊装夹,板件夹紧后,上下层无缝隙	10	(1)装夹不规范扣5分; (2)不划线扣10分				
3	试焊、设备调整 熟悉焊接设备,能根据破坏试验结果调整参数	10	(1)正式焊接时,设备参数超差扣5分; (2)不进行破坏试验扣10分				
4	焊接过程 电极头夹紧后,检查电极头与板面垂直;焊点平整,外圈连贯无明显凸起和凹陷	20	(1)无检查过程每次扣1分; (2)焊点成型不平整、不均匀每个扣1分				

续上表

序号	操作步骤及技术要求	配分	评分细则	考核记录			
				自评	小组互评	教师评价	小计
5	焊点准确度 焊点中心与划线中心基本对齐	20	超差每个焊点扣1分				
6	工作态度及劳动纪律	10	(1)工作态度不端正扣5分; (2)违反劳动纪律,此项不得分				
7	安全防范措施,场地清理	10	(1)场地不干净扣5分; (2)有安全隐患,不清理场地扣10分				
总分		100					

教师签名：　　　　　　　　　　　年　　月　　日　　　　得分：

(2)完成本学习任务以后,还有哪些相关问题?

四、学习拓展

(1)查阅资料,铝质车身钣件怎样进行电阻焊。
(2)对不锈钢材料实施电阻点焊。

参 考 文 献

［1］中国汽车维修行业协会.车身修复(F模块)[M].2版.北京:人民交通出版社股份有限公司,2015.

［2］James E. Duffy Robert Schaff(美).汽车车身维修技术[M].吴友生,译.北京:高等教育出版社,2006.